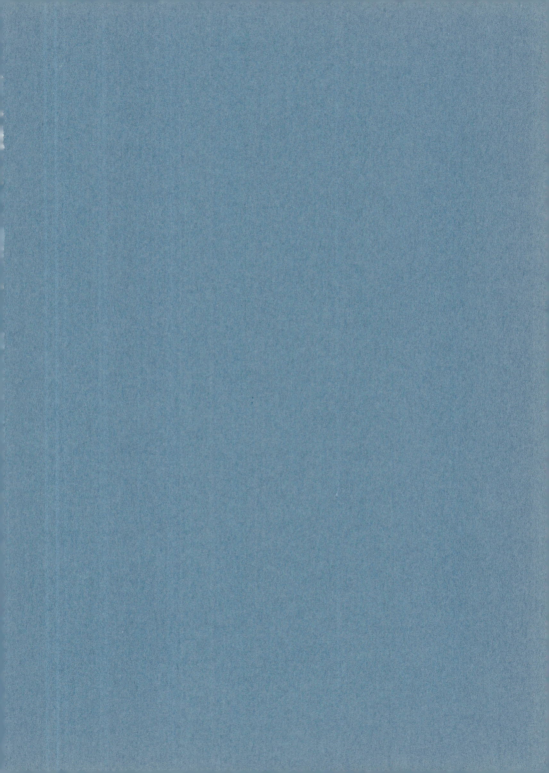

太田拓紀

近代日本の私学と教員養成

―ノン・エリート中等教員の社会史―

学事出版

はじめに

本書は、近代日本の中等教員養成における私学の機能を明らかにしようとするものである。一般的に、戦前の中等教員養成についてはあまりよく知られていないし、それに私学がどう関わったかについてはなおさらであろう。簡潔にこの点に触れることから、はじめようと思う。

現代の日本において、私学が広く教員養成を実施していることは周知のとおりである。とりわけ、中学校や高等学校の教員は、私学の養成なくして、その供給が成り立たない構造になっている。また、最近の十数年間は大量退職に伴う教員需要の高まりに応じて、教育学部や教育学科など、教員養成を目的とするセクションを新設する私立大学も目立ってきた。このように現在では、教員養成と私学とが緊密な関係にあることは、誰の目にも明らかである。

しかし、明治期にまでさかのぼると、当初は私学に正式な教員養成は認められていなかった。教員養成制度の確立には紆余曲折があったが、しばらくの間、中等教員免許を付与できたのは官立学校のみであった。それ以外では、文部省教員検定試験という、きわめて難関の試験に合格して免許を取得するしかなかった。そして一部の私学は、この検定試験に合格するための、予備校のような位置づけに甘んじていたのである。

それが明治後期になって、私学も実質的に自前で教員養成を行うことが可能になる。そもそも、戦前期を通じて、私学が小学校教員の養成を担うことはなかった。私学に認められていたのは、中等学校の教員養成である。戦前の中等学校は、時期により若干異なるものの、男子に普通教育を施した中学校、女子の良妻賢母主義教育を担った高等女学校、小学校教員養成の師範学校が主なるものであり、それに商業や工業などの実業学校が含まれた。

これらの中等学校に、明治後期以降、私学を経た教員たちが続々と配置されていくことになる。おりしも、明治から大正期にかけては中等教育への進学率が断続的に上昇する時期であり、それに見合うだけの教員数が恒常的に不足していた。こうした背景も手伝って、教員養成に着手する私学が増え、出身教員の数も年々増加していった。その結果、官学、検定試験に加え、私学が一定の教員数を輩出するようになり、多様性をもった中等教員養成のあり方が明確になっていった。しばしば、戦前の教員養成制度は閉鎖的であったと称されるが、それは、小学校教員養成に限ってのことである。中等教員は、現在と同様に、その養成はかなりヴァリエーションに富んでいた。

さて、そうした教員養成を積極的に担った私学の内実をみていくと、哲学や物理学など、学問の普及を理念として出発したものが少なくなかった。あるいは、キリスト教や仏教、神道といった宗教的なバックグラウンドをもつ学校も多かった。私学はそうした得意分野に応じた教科目の教員養成を行っていたのである。さらに、夜間に教員養成を行う私学もあり、他の養成ルートにはない特異性があった。このように、私学の養成のなかにもヴァリエーションがみられたのである。

しかし、養成システムに多様性があり、開放的な性質をもっていた一方で、現代の状況とは大きく異なる側面もあった。その養成ルートに応じて、教員社会がヒエラルキー的な構造をもっていたことである。しかも、それはかなり露骨な形で表面化していた。教員養成の本流で伝統的な官学に対し、後発の私学にはさまざまな面で制約や障壁があった……。

以上が、本書の前提となる戦前の中等教員養成と私学についての概略である。いささか先走りしてしまったが、その詳細は本文、とくに第1章を参照していただきたい。そして、こうした教員社会のなかで、私学を経た中等教員たちはどのように生き、彼らは戦前の教員文化になにをもたらしたのか。これが本書の基本的な問題関心となる。

本書では、私学の卒業生名簿や職員録を集計・分析し、卒業生教員の自伝的資料を検討しながら、私学を経た教員たちのキャリアの軌道やその内面を明らかにしている。これにより、中等教員養成における私学の機能を探ろうとした。その際に着目したのは、戦前期教員社会のありようである。そして、そうした社会におけるノン・エリートとして、私学出身教員を描いている。この部分は、社会構造と個人の行為・意識との相互作用を分析視角におく、社会学的な観点を強く意識したものといえる。

本書の試みは、大きくいえば、戦後教員養成の原則である「開放制」の古層を探求するものとしても、位置づけられるかもしれない。現代の日本では急速に教育改革が進行しており、この流れはしばらく続くように思われる。そのなかで、教師を育てる理念や制度も変革を促されており、とりわけ「開放制」の原則は絶えず揺らいでいるようにみえる。こうした変化の時代に、教師教育の方向性を探るうえで、ささやかではあるが、歴史をみつめなおした本書が何らかの手がかりになれば幸いである。

近代日本の私学と教員養成・目　次

はじめに　3

序章　問題の所在 ……………………………………………… 13

1．戦前期の中等教員養成における私学　14

2．先行研究の状況　17

2．1．高等師範学校／2．2．臨時教員養成所／2．3．帝国大学／2．4．文部省教員検定試験／2．5．私学

3．問題の設定　23

3．1．私学における中等教員養成史研究の課題／3．2．問題の設定

第1章　私学の目的的な中等教員養成機関の生成過程と内部過程 ……… 27

1．はじめに　28

2．中等教員養成の私学への開放過程　28

2．1．私学への養成開放前夜──明治初・中期における中等教員資格制度──／2．2．私学への無試験検定許可の背景と経緯

3．私学における目的的な中等教員養成機関の生成過程　33

3．1．中等教員養成機関としての高等師範部／3．2．文・理学系私学──教員検定試験の準備校──／3．3．宗教系私学──教育の世俗化としての教員養成──／3．4．法学系私学──総合化

の一環としての教員養成――
4．私学高等師範部の設置要因　44
4．1．中等教員需要の拡大／4．2．学校経営・存続のための戦略／4．3．非実学としての人文系と職業教育化
5．私学高等師範部の制度的特質と内部過程　48
5．1．教員免許をめぐる文学部の二つの学生文化／5．2．目的的な教員養成機関としての高等師範部とその文化
6．まとめ　55
第2章　私学における中等教員養成機関の社会的評価　……　59
――私学高等師範部の入学時選抜と免許取得状況――
1．はじめに　60
2．私学高等師範部における入学時選抜　61
2．1．私学高等師範部の入学競争率／2．2．入学時選抜の内実
3．私学高等師範部における免許取得状況　65
3．1．無試験検定による免許審査過程／3．2．私学高等師範部の免許取得率
4．私学高等師範部に対する社会的評価　69
4．1．大正期の私学高等師範部に対する評価／4．2．昭和初期の私学高等師範部に対する評価
5．まとめ　73

第3章　私学出身者の中等教員就職過程とその変容……77
1．はじめに　78
2．私学出身者の中等教員就職過程　80
2．1．教員による紹介・斡旋／2．2．学校の仲介／2．3．自己開拓
3．中等教員就職状況と初任給の変遷　88
3．1．明治後期の就職状況と初任給／3．2．大正期の就職状況と初任給／3．3．昭和初期の就職状況と初任給
4．まとめ　96

第4章　私学出身中等教員におけるキャリアの特性——早稲田大学高等師範部の事例——……101
1．はじめに　102
1．1．本章の課題／1．2．資料の性格
2．卒業生の職業分布　103
3．勤務先の中等学校　105
3．1．学校種／3．2．勤務先中学校・高等女学校の学校歴・規模
4．校長への昇進　109
4．1．校長数・校長輩出率／4．2．早大出身校長昇進者の事例／4．3．中等教員社会と早大出身者の昇進機会
5．まとめ　115

第5章　私学夜間部における中等教員養成機関の機能
——日本大学高等師範部の事例——……119
1．はじめに　120
1．1．本章の課題／1．2．資料の性格
2．社会的出自　121
2．1．出身者の地域的出自／2．2．入学に至るまでの経緯
3．学生生活　126
3．1．在学時の通学事情／3．2．退学者数
4．社会的配分　131
4．1．卒業生の職業分布／4．2．教員としての移動傾向
5．まとめ　135
第6章　昭和初期4私学の教員養成機能に関する総合的分析
——帝国大学・高等師範学校・臨時教員養成所との比較——……141
1．はじめに　142
1．1．本章の課題／1．2．対象校選定の理由と対象の時期／1．3．資料の性格
2．教職全体に占める中等教員の割合　146
3．勤務先の中等学校　147
3．1．勤務先の中等学校所在地／3．2．勤務先の中等学校種／3．3．勤務先中学校・高等女学校の学校歴・規模

4．中等教員としての移動傾向　151
4．1．校長への昇進／4．2．地元への回帰
5．まとめ　154

第7章　昭和初期中等教員社会と私学出身者の位置
――『学事関係職員録』を用いた給与・異動・昇進の分析――……159
1．はじめに　160
1．1．本章の課題／1．2．資料の性格
2．給与の分析　163
2．1．月給額の平均／2．2．月給額の規定要因と私学／2．3．昇給額の規定要因と私学
3．異動の分析　166
3．1．異動状況／3．2．他出の規定要因と私学
4．昇進の分析　168
4．1．中等学校長と年給額／4．2．校長の規定要因と私学／4．3．奏任待遇教員と年給／
4．4．奏任待遇教員の規定要因
5．まとめ　172

第8章　戦前期私学出身中等教員の教師像……177
1．はじめに　178
2．教員社会からの排除と私学の学閥戦略　179

2.1. 教員社会からの排除傾向／2.2. 私学出身者の学閥戦略とその限界
3. 象徴資本としての教師像 186
3.1. 早大出身者の対抗的教師像／3.2. 象徴資本としての教師像と私学界での位置／3.3. 私学夜間部というスティグマ
4. 私学出身中等教員の教師像 193
4.1. 生徒からみた私学出身教員／4.2. 高師出身者のキャリアと教師像／4.3. 私学出身者のキャリアと教師像
5. まとめ 201
終章 結 論 …… 207
1. 考 察 208
1.1. 戦前期中等教員養成制度の開放性と私学の多様性／1.2. 私学出身者の中等教員社会における周辺的位置／1.3. 教員社会での位置に基づいた私学出身者の教師像
2. 課 題 214
引用・参考文献 217
あとがき 235
索 引 246

序章

問題の所在

1. 戦前期の中等教員養成における私学

戦前期の教員養成は、師範学校を中心とする閉鎖的な制度であったといわれる。初等教員の養成機関であった師範学校は、「閉鎖的」「師範タイプ」など、養成のあり方やその教師像が批判に晒されつつも、教員社会において多大な影響力を保持していた。ところが、中等教員養成に関しては、「教育の総本山」と称された高等師範学校（以下、高師）が、教員供給面で十分な役割を果たしていなかった。したがって、師範学校と教員検定試験からそのほとんどが輩出された初等教員と比較すると（陣内 1988、p.217）、中等教員の養成ルートは多様性に富み、はるかに開放的な制度構造をもっていたという（中内・川合編 1970、p.84、寺崎 1983、p.346、大谷 2001、p.330）。具体的に、高師以外の養成機関として、帝国大学（以下、帝大）をはじめ、私立大学、官公私立専門学校、臨時教員養成所（以下、臨教）があった。その制度的構造を学校段階、設置者の2軸で分類したのが**図序-1**である。さらに、高等教育機関を経ずに、試験に合格することで教員免許の取得ができる文部省教員検定試験（以下、文検）といった、独学のルートも存在していた。

これらのなかで、主に量的な貢献をなしたのが私学の高等教育機関とされている。寺崎（1983、p.351）によれば、「中等教員の需給構造それ自体が、全体として私学卒業生への依存を不可欠のものとしてしか

図序-1：近代日本における主要中等教員養成機関の制度的構造

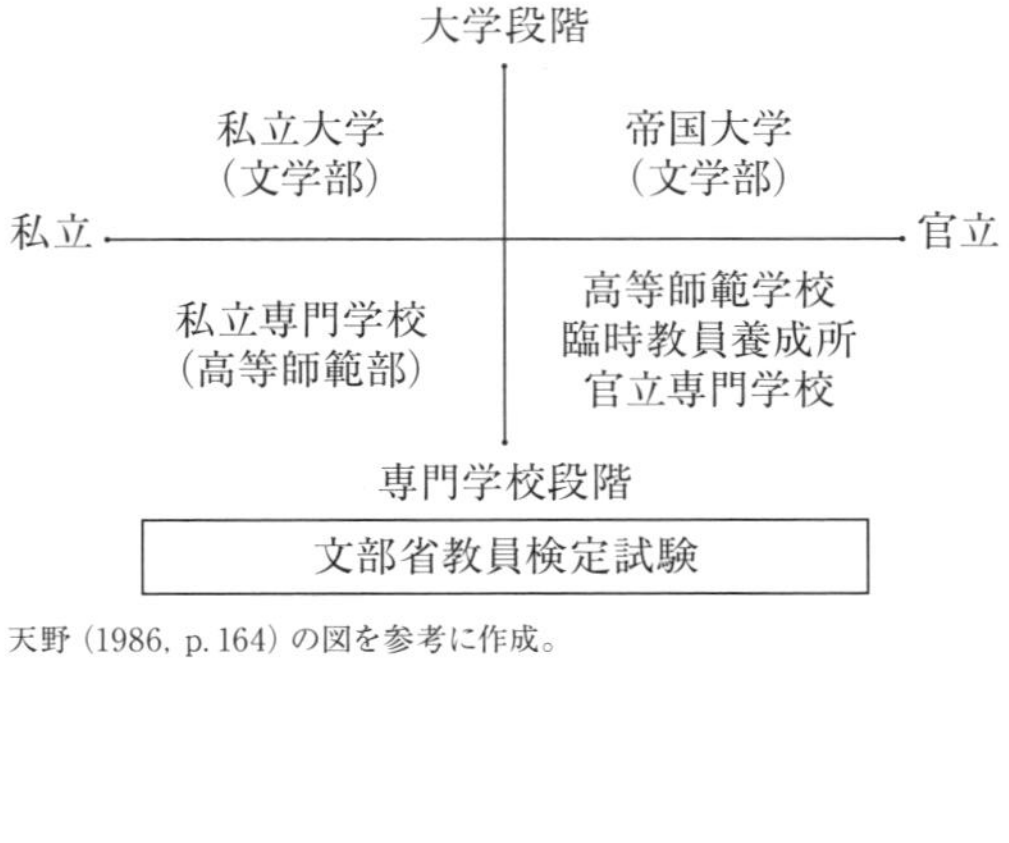

天野（1986, p.164）の図を参考に作成。

成立しなかった」。では、私学はどの程度、中等教員を輩出していたのであろうか。これについて、戦前期の中学校における私学出身教員の割合は、全有資格教員の30％半ばを超えていたとの推定があるものの（寺崎 1983、p.344）、厳密な統計資料は管見の限り見当たらない。ただ、『文部省年報』には免許取得別の中等教員数が示されている。その数を集計したのが**図序-2**、比率を示したのが**図序-3**となる。このうち、カテゴリの「その他」に私学出身者の大部分が含まれることになる。**図序-2**を確認すると、大正中期までは、その数は高師と同

図序-2：戦前における資格取得別中等教員数

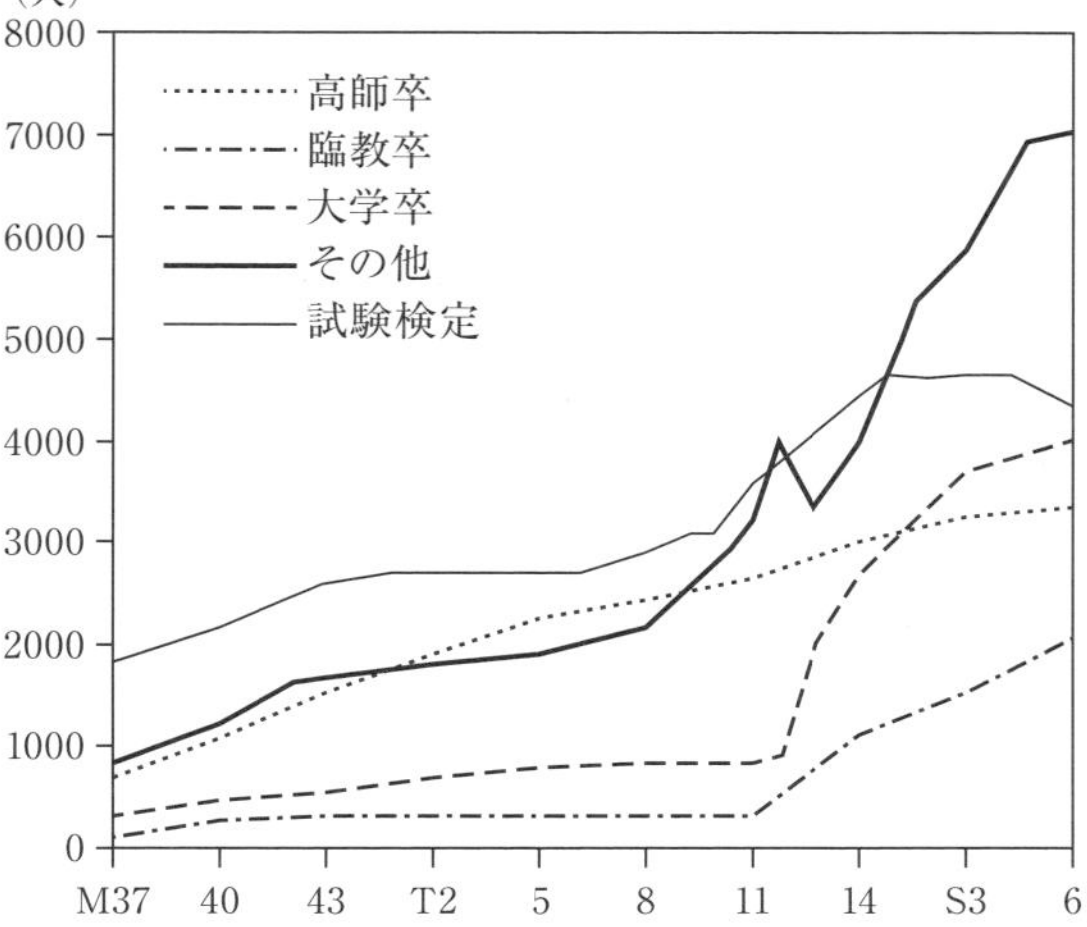

『文部省年報』各年度より作成。
師範学校、中学校、高等女学校の男性教員数を合計。

図序-3：戦前における中等教員の資格別構成比（％）

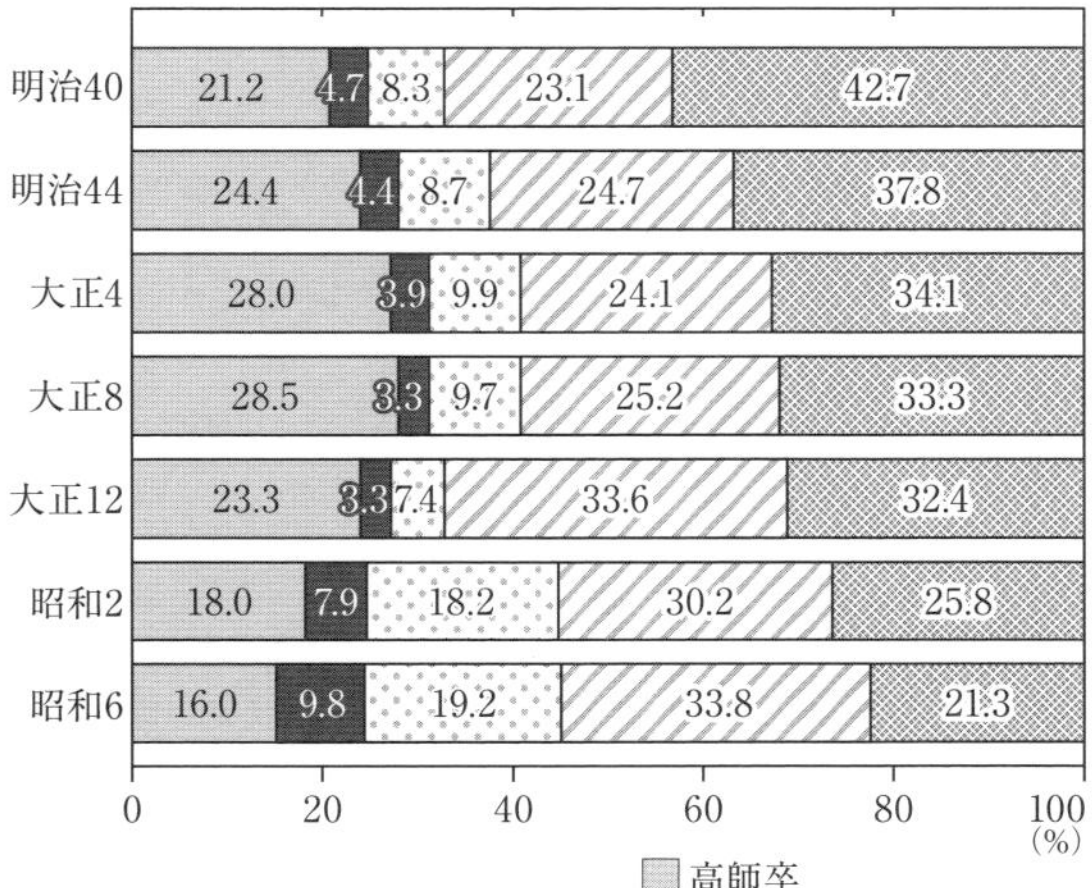

『文部省年報』各年度より作成。
師範学校、中学校、高等女学校の男性教員数を合計。

図序-4：戦前における中等教員養成機関（官立高師・私学高師部）の卒業生数

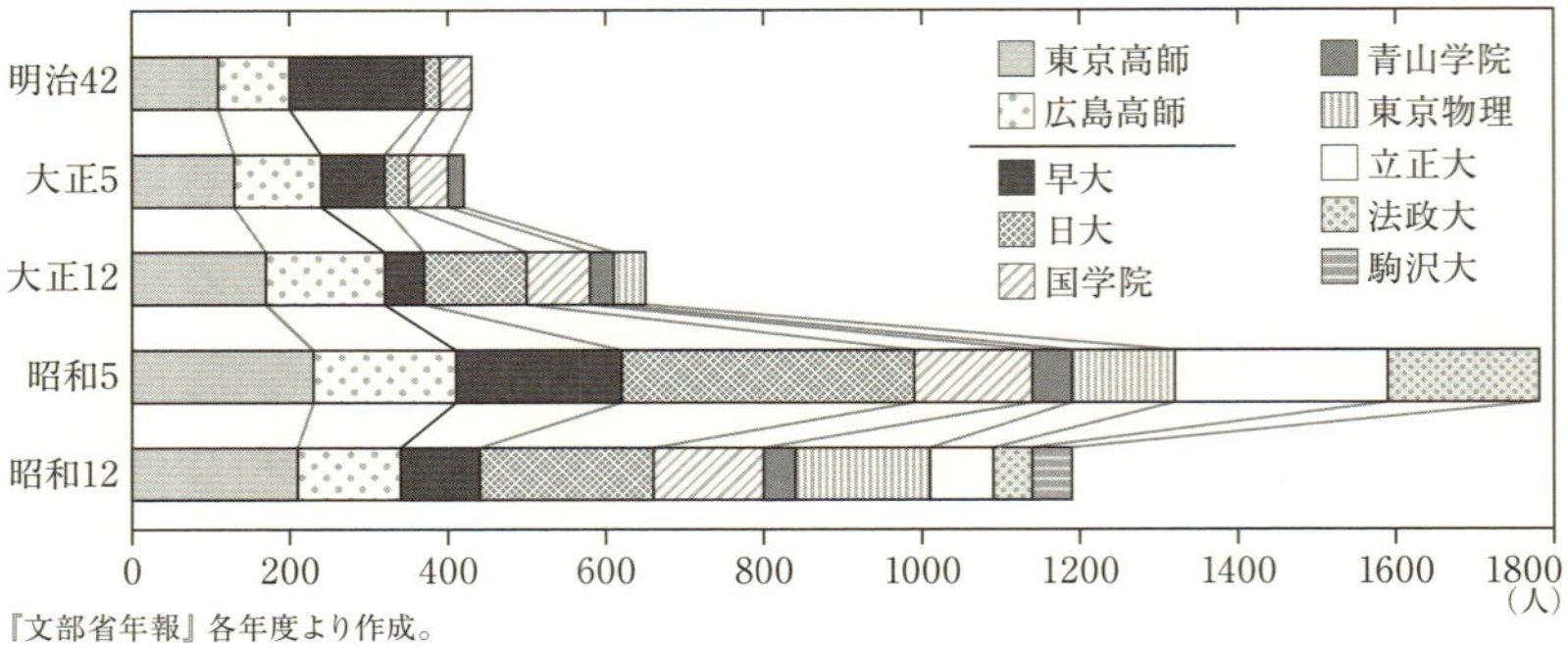

『文部省年報』各年度より作成。

等であるが、大正後期から昭和になると大きく上回る。図序-3から、「その他」の比率は明治期では2割強であるが、やはり大正後期から3割を超え、それ以降は最も高い供給源となっている。ただし、この「その他」には私立専門学校の卒業生のみならず、官公立のそれも含まれている。よって、実際の私学の割合はこれよりも下回ると推し測れる。一方、「大学」のカテゴリには大正中期以降、帝大のほかに、大学令（大正7年）により専門学校から昇格した私立大学の卒業生も計上されている。つまり、私学が輩出した教員の数は、厳密には「その他」の大部分と、大正後期以降の「大学」の一部ということになる。以上から、時期によって相違はあるが、私学出身の中等教員は、おおむね3割前後を占めていたように思われる。

もう一つ、別の角度から、私学が輩出した中等教員数を推計してみよう。戦前には早稲田大学や日本大学など複数の私学で、高等師範部・科（以下、高師部）と称し、中等教員の養成を目的としたセクションを設けていた。これらの機関を卒業した者が中等教員となったと想定して、高師との比較を試みてみたい。代表的な私学高師部の卒業生数を、官立高師2校（東京・広島）のそれとあわせて集計したのが図序-4になる。確認すると、明治期より早稲田、日大、国学院が継続的に一定数の卒業生を輩出していることが分かる。そして、昭和初期には立正や法政、駒沢といった私学も高師部を設置した結果、その卒業生数の合計は東京・広島高師を大きく上回っていた。もちろん、私学の養成は、養成に特化した部署に限られていたわけではない。文学部を中心とする大学や、あるいは専門学校の位置づけであった私立大学専門部からも輩出されていた。しかし、少なくとも目的的な私学の中等教員養成機関が、高師以上の数の教員予備軍を生み出していたことは把握できる。

このように、正確な数字を示すことはできないが、私学が中等教員の供給に量的な面で大きな役割を果たしていたことは間違いない。よって、私学の解明なくして、中等教員養成史の全貌を明らかにできないといえよう。では、中等教員養成における私学ルートは、先行研究でどの程度明らかになってきたのか。中等教員史研究全般を概観した上で、私学の養成に対する従来の知見を整理し、その課題と本書の問題関心を次に述べたい。

2. 先行研究の状況

戦前期の中等教員史に関する先行研究は、通史的・概説的なものとして中内・川合編（1970）があるものの、その多くは養成ルートごとに実施されてきた。もちろん、複数のルートにまたがる論考もあり、一概には言い切れない。しかし、研究状況を整理するという便宜上、養成ルートに着目して概観しておきたい。

2．1．高等師範学校

戦前期の中等教員養成の正系であった高師については、最も研究が蓄積されているといってよい。まず、養成制度史研究のなかで、高師の制度、カリキュラム等について、一定の記述がみられる（中島編 1961、牧 1971）。他にも例えば影山（1975）など、当初はその制度史に焦点づけるものが多かった。その後、三好（1991）は広島高師の養成制度、カリキュラムの実態を描くとともに、学生文化や地域との関わりについても言及している。そのなかで、船寄（1998）は、高師の存廃論争を主たる題材に、中等教員養成をめぐるアカデミズムとプロフェッショナリズムの対立構造に焦点づけた。具体的には、高師の養成理念・制度が本来教育実践を基盤とするプロフェッショナリズムに依拠していたにもかかわらず、存廃論争を契機に、同様に中等教員を多く輩出していた帝大が依拠する学術的な専門性、すなわちアカデミズムに傾斜していく過程を浮き彫りにした。制度史の枠組を超えて、論争史という切り口から、養成の背後にある理念に迫ったことで、高師研究の新たな領域を切り拓いたといえる。

一方、片岡・山崎編（1990）の研究は、高師の養成の実態を社会史的なアプローチから迫ろうとしたものである。具体的には、広島高師を事例に、出身教員の社会移動の傾向について、学籍簿や卒業生一覧などから詳細な量的分析を行った。これは、高師の機能を実証的に検証したもので、中等教員史における社会移動研究の端緒といえる。さらに、この流れを汲む山田の研究（2002）では、高師入学者の出身階層、卒業後の教員キャリアなどを、主に帝大との比較から検証している。得られた知見は多岐にわたるものの、その一部を挙げれば、教員社会には学歴による明確な階層性が存在しており、高師は帝大よりも下位におかれていたこと、そして高師出身者の学閥における強固な凝集性と排他性は、帝大出身者への対抗戦略であったと考察している。山田の研究は、階層性という視点から帝大—高師関係を中心に、中等教員社会を包括的にとらえようと試みた点で、中等教員の社会史的研究をさらに一歩進めたものといえる。加えて、山田（2006）はライフヒストリー研究の視角から、一学生の日記を分析対象とし、真面目で忠良な学生がはぐくまれる高師の学校文化を描いている。

2. 2. 臨時教員養成所

さて、国家による目的的・計画的な中等教員養成機関としては、高師のほかに臨教があった。これは帝大、旧制高等学校等に付設された臨時の機関であり、主に教員供給の調整弁としての機能を期待されたものである。

この養成ルートについては長く研究が手つかずであったが、近年、杉森（2000a、2000bなど）がその実態を明らかにしつつある。それによれば、臨教は文部省直轄校の附属的施設であったため、養成コストが低く抑えられ、即応性・柔軟性・利便性に富んでおり、中等教員の「計画的養成」に合致する機関といえた。また、出身教員の俸給は同じ官立養成機関である高師よりも一段低く設定されており、明確な格差が存在していたという。その他の研究としては、教科教育史の文脈で臨教に着目した論考がある（例えば、竹中　2011）。

ただ、戦前の有資格中等教員に占める臨教出身者の比率は数%であり、量的にも主流たりえず、あくまでも補完的な位置づけにとどまっていた。

2. 3. 帝国大学

帝国大学は明治当初より中等教員を養成していたが（寺﨑ほか　1991）、そのうち、長きにわたって、理学部、とりわけ文学部が教員輩出の中心であった（川村　1992、橋本　1996）。先行研究では、船寄（1998）が帝国大学の養成カリキュラムを検証している。それは教壇での実習もなく、ごくわずかの教育学関連の単位を取得することで、教員免許が交付されるというものであり、そうした養成が認められたのは、中等教員養成において、学術的な専門性、すなわちアカデミズムの理念が支配的であったためと考察している。

また、山田（2002）は先掲の社会史的研究で、帝大文学部入学者の前歴、卒業生のキャリアを検証している。教員を数多く輩出した文学部は、自らの純粋な知的関心から選択する者が多く、進学に際し、卒業後の就職を懸念する保護者等との間でしばしば軋轢が生じたという。そのなかで、就職先として最も期待されていたのは高等教員であり、大半の者は中等教員を単にキャリアの一階梯としかみなしていなかった。とはいえ、帝大出身者が中等学校長に昇進した際は、高師出身よりも威信の高い中学校、高等女学校に在職するケースが多く、給与も高師より上であり、彼らは階層的な中等教員社会の頂点に位置づけられていたと指摘している。

以上の船寄、山田の研究は、高師との対比という問題設定の部分で通底しており、養成理念、移動形態において、高師とは異質な性格をもっていた点を明らかにしている。また両研究とも、養成の正系であった高師の存立基盤を揺るがす対抗的存在として位置づけていた点で一致していた。

2.4. 文部省教員検定試験

一方、養成機関を経ずに、検定試験によって中等教員免許の取得が可能であった文検は、特異な制度であったといえる。しかし、戦前の教員供給源として、一定の比率を保ちつづけていたことは、先の図序-2、図序-3からも明らかである。この文検に関しても、まとまった研究がいくつかみられる。

はじめに、文検を学術的に検証したのは佐藤（1988）である。地理科の検定試験を事例に、出題傾向や試験委員の来歴について分析し、またインタビュー調査によって、受験生の来歴、受験動機、受験体験、合格後のキャリアといった、利用者層の実態を詳細に検証した。制度的な概観しか判明していなかった文検について、試験内容や利用者の内面世界とその社会的軌道に迫った点で先駆的であった。

その後、寺﨑らのグループが文検の大規模な共同研究を行っている（寺﨑・「文検」研究会編　1997）。彼らは教育科の試験に焦点をあて、文検の制度的変遷、検定委員の来歴、試験内容、受験雑誌、受験生のライフコースなどを多面的に検証した。受験者層の実態については、佐藤（1988）の研究と同様、小学校教員が多い点を指摘し、地域によっては受験生のネットワークが存在していたことも明らかにしている。さらに、中等教員への移動を志向していたというより、むしろ、小学校教員たちの自己修養の場という意味合いが強かったといった、新たな知見を加えている。後に、研究グループは、中等教員が備えるべき教育学的教養・専門的知識とはいかなるものであったかという関心から、試験問題の分析に関心を移している（寺﨑・「文検」研究会編　2003）。

いずれの研究からも、文検が明治期から一貫して合格率10％前後と、きわめて難関であったことが合格者の矜持につながり、また社会的にも実力者と評価されていたことが把握できる。同時に、高等教育を経ていないことに起因する、独学者の卑下意識を合わせもっていたことも窺い知れる。

では、本書が対象とする私学については、どのような枠組で研究がなされ、どこまで明らかになってきたのだろうか。

2.5. 私　学

私学の中等教員養成については、当初、養成制度史の専門書に断片的な記述があるのみであった。先に挙げたように、中島編（１９６１）、中内・川合編（１９７０）、牧（１９７１）によれば、戦前の中等教員養成は開放的な制度構造をなしており、そのなかで、寺崎（１９８３）は私学が教員供給で不可欠な存在であったことを指摘した。とはいえ、あくまでも養成の主流は高師とその対抗軸の帝大であって、以上の文献が私学の機能として強調したのは、教員供給の量的側面でしかなかった。一方、教育史の概説書においては、国家による教育統制の代表事例として、しばしば哲学館事件が取り上げられる。哲学館事件（明治35年）とは、定期試験の出題内容が国体に反するとして、哲学館（現：東洋大学）の中等教員無試験検定を文部省が取り消した事件である。これを題材に私学の養成について論じた西村の研究（１９６７）は、管見の限り、私学の中等教員養成史を主たる関心として扱った最初の論文であった。

このように、私学については、中等教員の供給面における貢献、あるいはその養成に対する国家の統制といった限られた観点から、概説的、断片的に論じられるのみであった。そうしたなか、近年になって、豊田は私学による養成の制度的側面を継続的に検証している。例えば、哲学館を事例に、その内部資料から養成に関わる学内の学科構成、カリキュラム、卒業後の就職状況等を描きだした（豊田　２００１）。その後も、国学院、東京物理、日大、早稲田など、事例研究を重ねている（豊田　２００５、２００７、２００８、２０１０）。また、山崎（２００８a、２００８b、２００８c、２００９）は、私学の養成における教育実習に焦点づけて分析を行っている。いずれも養成の制度的な実態を知る上で貴重な研究ではあるが、私学が中等教員養成においていかなる役割を果たしたかといった、知見を一般化する段階には至っていない。

一方で、船寄・無試験検定研究会編（２００５）がまとまった研究成果を著している。その主たる関心は無試験検定、すなわち当該学校の教育課程を修了することで原則中等教員免許の付与を認める検定制度が、私学に許可された際の審査過程を明らかにする点にあった。分析の結果、私学のカリキュラム、授業数、教育スタッフ、設備などに対する無試験検定の審査は、基本的に官立高師の水準に達しているかを吟味するものであった。つまり、高師が審査の基準となることで、私学の養成の質が担保された側面がある一方、私学が国による一定の枠組に統制されたことを示唆している。資料上の制約から、昭和初期に審査を受けた、いわば後発の私学に対象は限られているものの、養成の制度化過程を詳細に描き出したものとして、評価されるべき研究といえる。

3. 問題の設定

3.1. 私学における中等教員養成史研究の課題

表序は私学を含めた中等教員史の主な先行研究をまとめたものである。このように、私学ルートの本格的な解明は他に比べるとスタートが遅かったが、今世紀に入って大きな進展をみせている。しかし、その全体像を明らかにする上で、重要な課題が残っている。

まず、私学を対象とする先行研究は、養成の制度面を描き出すこと

表序：近代日本中等教員史における主な先行研究の状況

	制度的側面	人的側面
	養成システム・理念の検証 (学科構成、カリキュラム等)	吸収・輩出した人材の社会的軌道 (入学者来歴、卒業生キャリア等)
高等師範学校	影山 (1975)、三好 (1991)、 船寄 (1998) など	片岡・山崎編 (1990)、 山田 (2002、2006)
臨時教員養成所	杉森 (2000b) など	杉森 (2000a)
帝国大学	川村 (1992)、船寄 (1998)	橋本 (1996)、山田 (2002)
文部省 教員検定試験	佐藤 (1988)、寺﨑・「文検」 研究会編 (1997、2003)	佐藤 (1988)、 寺﨑・「文検」研究会編 (1997)
私学	西村 (1967)、豊田 (2001、2005、2007、2008、 2010)、船寄・無試験検定研究会編 (2005)、 山﨑 (2008a、2008b、2008c、2009) など	

に主眼がおかれてきた。もちろん近年に至るまで、その養成の実態はほとんど知られておらず、学科構成やカリキュラムといった、基本的な養成システムのあり方に関心が焦点化されるのは当然ともいえる。しかし、中等教員養成における私学の役割を解明するには、入学者の来歴や卒業生のキャリアといった、養成機関が吸収し、輩出した人材の社会的軌道に焦点づけることが不可欠である。

その一方、中等教員史全体を見渡すと、養成ルートの利用者層、卒業後の配分といった人的側面に着目した社会史的な研究として、上述した広島高師（片岡・山崎編　1990）や、高師と帝大（山田　2002）の研究がすでにある。さらに文検（佐藤　1988、寺崎・「文検」研究会編　1997）に関しても、部分的ではあるが、以上の点に言及されている。このように、他のルートについては社会史的研究が蓄積されてきているものの、私学を対象とする研究は制度面の検証に著しく偏り、人材の側面に十分に着目できていない。戦前の私学が中等教員養成において担った役割を明らかにするためには、こうした課題を避けることはできないのである。

3．2．問題の設定

確かに、中等教員養成における私学には、教員の量的な充足、すなわち「中等教員供給ルートの一安全弁としての役割」（寺崎　1983、p.351）という位置づけがなされてきた。しかし、果たして私学の役割とは、そうした教員需給の調整弁に限定されるものだったのだろうか。いったい、私学はいかなる中等教員を輩出したのか。出身教員はどのようなキャリアを経たのだろうか。こうした私学出身者の社会的軌道、教員社会における位置やその教師像について、先行研究ではほとんど検証されていない。私学の養成における制度面のみならず、輩出された教員の内面世界に迫りながら、彼らの辿った道程を詳細に検証することにより、養成に果たした私学の役割を明らかにすることが求められよう。

以上をふまえ、本書は戦前期の中等教員養成における私学の機能を検証していく。具体的には、次のように章を構成する。

まず、第1・2章に関しては、私学が目的的な教員養成に着手する経緯を描き出し、その養成のあり方に対する評価を検証する。第1章「私学の目的的な中等教員養成機関の生成過程と内部過程」では、明治期から私学が中等教員養成に特化した部署を設けるに至った経緯と、養成部署の内部過程を検証する。第2章「私学における中等教員養成機関の社会的評価」では、とくに入学時選抜と免許取得状況に焦点づけ、私学の中等教員養成機関がいかなる評価を得ていたのかを考察する。

第3章から7章までは、私学を経た者が教員社会にいかに配分され、どのようなキャリアを経たのかを明らかにする。まず、第3章「私学出身者の中等教員就職過程とその変容」では、私学の新卒者における教員就職過程について、時代的変遷や初任給の変化に目配りしながら考察を行う。続いて、第4章「私学出身中等教員におけるキャリアの特性」では、伝統的かつ代表的な私学の養成機関として、早大高師部を事例に取り上げ、私学出身教員のキャリアについて詳細に分析を行う。第5章「私学夜間部における中等教員養成機関の機能」においては、日大高師部を事例に、夜間の養成機関が吸収した人材の特質、輩出した教員の移動傾向について明らかにしていく。そして、第6章「昭和初期4私学の教員養成機能に関する総合的分析」では、四つの私学(早稲田・日大・国学院・青山学院)出身教員のキャリアの状況について、官学(帝大、高師、臨教)との比較を行い、昭和初期の一時点ではあるが、私学の教員養成の機能を、主に量的に分析する。さらに、第7章「昭和初期中等教員社会と私学出身者の位置」では、一県の全中等教員のデータを利用し、給与、異動、昇進の面から、昭和初期の中等教員社会における私学出身者の位置について、多変量解析を実施しつつ検証を行う。

最後に、第8章「戦前期私学出身中等教員の教師像」では、私学を経た教員が中等教員社会にいかに適応し、教師としてどのように生きようとしたのかについて、それまでの章の分析をふまえながら考察する。

以上の枠組から、本書は私学が戦前期の中等教員養成において、いかなる役割を果たしたのかを検証していく。従来の私学の養成研究における制度史的なアプローチではなく、私学が輩出した人的資源に着目するという、社会史的な分析枠組を採用した点に、本書の独自性があるといってよい。そして、中等教員史の全貌解明の一助となることをめざすものである。

第1章

私学の目的的な中等教員養成機関の生成過程と内部過程

1. はじめに

中等教員養成が制度化されはじめた明治当初、私学に対しては原則、教員養成が認められていなかった[1]。私学が無試験検定制度により、実質的に養成が可能になるのは明治30年代まで待たなければならない。その後、複数の私学は教員養成に特化したセクションを、明治後半から昭和にかけて設置している。このいわゆる高等師範部は、いかにして生まれてきたのか。本章ではまず、私学に対する中等教員養成の開放の経緯を概観する。その上で、私学における教員養成を主目的とする部署、すなわち高等師範部の生成過程を検証していく。さらに、高等師範部において、いかなる学生文化がはぐくまれていたのかといった、その内部過程についても考察を加えたい。

2. 中等教員養成の私学への開放過程

2. 1. 私学への養成開放前夜——明治初・中期における中等教員資格制度——

牧（1971）によれば、中等教員の資格制度は、初等教員に比べて整備が遅れていたとされる。その理由は、国民皆学実現に向けて普及が急務であった小学校と、西洋化の受け皿としての高等教育機関の整備が、教育政策上優先度が高かったことによる（同右、p. 307）。それでも、明治5年の学制では「中学校教員ハ年齢二十五歳以上ニシテ大学免状ヲ得シモノニ非サレハ其任ニ当ルコトヲ許サス」と、中等教員の資格として、年齢と学歴要件が明確に設定されてはいた。しかし、大学自体がしばらく設置されず、大学が卒業証書を授与しはじめるのは明治10年代であり、「この規定は理念の提示にとどまるものであった」（林　1971、p.241）。一方、明治8年に官立東京師範学校に「中学師範学科」が設置されることとなり、中学校教員養成を目的とするセクションが具体的に設けられた。このように、明治前半では、実態は別にして、制度的には大学、もしくは中学師範学科の卒業のみが中等教員資格の要件とされていた[2]。

その後、明治17年になると「中学校師範学校教員免許規定」（文部省達第8号）が定められる。これは中等教員資格に関する最初の国家的規定とされる（牧　1971、p.317）。その第1条には、「中学師範学科若クハ大学科ノ卒業証書ヲ有セスシテ中学校師範学校ノ教員タラント欲スル者ニハ品行学力等検定ノ上文部省ヨリ免許状ヲ授与スルモノトス」とあった。つまり、大学、中学師範学科の卒業以外に、検定による免許取得の道が開かれることになったのである。この教員検定については、第3条に「学力ノ検定ハ試験ニ依ルモノトス」とあり、これに基づき、明治18年から検定試験が実施され、いわゆる文部省教員検定試験（文検）として教員供給の重要なルートとなっていく。同時に、検定制度のなかに無試験検定の方式についても規定された。しかし、この時点ではいかなる学校の卒業生が無試験検定の対象となるのか、具体的な記述がなく、曖昧な規定であった。とはいえ、「この条項は、無試験検定を認められ得る者について規定した最初のものであった」（船寄・無試験検定研究会編　2005、p.32）。

さらに、明治19年の「尋常師範学校尋常中学校高等女学校教員免許規則」（文部省令第21号）では、教員免許の養成方式と検定方式が具体的に定められる。つまり、第1条に中等教員免許状は「高等師範学校卒業生」（養成方式）、「文部省ノ検定ヲ経タルモノ」（検定方式）に授与されるとしている。後者は試験検定によるものだが、但し書きに「内外国高等学校卒業生等ハ検定委員ニ於テ教員タルニ適スヘキ学力アリト認ムルモノニ限リ特ニ本文ノ例ニ依ラサルコトアルヘシ」とあった。高等学校令（明治27年制定）以前の「高等学校」とは、高等の官立学校を指す慣例があったとされるから（牧　１９７１、p.３４８）、官立学校卒業資格が無試験検定の要件として明記されたことになる。ここに、官学が優遇された中等教員の免許政策が明確になった。

続く明治27年の「尋常師範学校尋常中学校高等女学校教員免許検定ニ関スル規定」（文部省令第8号）でも、この無試験検定は、「一　高等ノ官立学校ニ於テ教員ノ職ニ適スル教育ヲ受ケタル卒業生　二　元古典講習科卒業生及理科大学簡易講習科優等卒業生……」（第４条）とあるように、いずれも官立学校卒業生が対象であった。明治29年の「尋常師範学校尋常中学校高等女学校教員免許規則」（文部省令第12号）では、無試験検定の出願資格がより詳細に掲げられたが、やはり帝国大学、高等学校、高等商業・工業学校などの官立学校のみが列挙されている。このように、明治20年代の中等教員の免許資格は、直接養成機関の高師と、無試験検定に基づく帝大をはじめとする官立学校と、試験検定（文検）とに委ねられていたのである。

2．2．私学への無試験検定許可の背景と経緯

それが明治30年代になると、私学に無試験検定が開放され、実質的に私学による中等教員養成が可能になる。この背景と経緯を確認していこう。

明治後期における中等教育の最大の問題は、有資格教員の不足という事態であった（中内・川合編　１９７０、p.76、船寄　１９９８、p.81）。**図1-1**は明治後期の中等学校における無資格教員の割合を示したものである。その比率は師範学校では比較的低いものの、中学校と高等女学校では、とくに明治20年代後半から30年代まで、４～５割を占めていた。夏目漱石の論文「中学改良策」（明治25年）によれば、「当今尋常中学校の教師には何処にて修行したるや性の知れぬ者多く僅かの学士及び高等師範学校卒業生を除けば余は学識浅薄なる流浪者多し」（夏目　１９６７、

p.131）という状況であった。さらに、当時の教育雑誌では「中学校教員の欠乏は、先年来吾等の屢耳聞するところ、殊に昨年来、中学校の各地に設立せらるゝもの頻繁なるや、教員欠乏の声愈高まり、既に今日に至りては、百方捜索するも、容易に適当の教員を獲ること能はざるなり」（『教育時論』第417号、明治29年11月15日、p.9）と、逼迫した有資格の教員需要を報じている。

このように、教員需要の増大は、中等学校のなかでも中学校の拡大によるものとされていた。図1-2は、明

図1-1：明治後期中等学校における無資格教員の比率

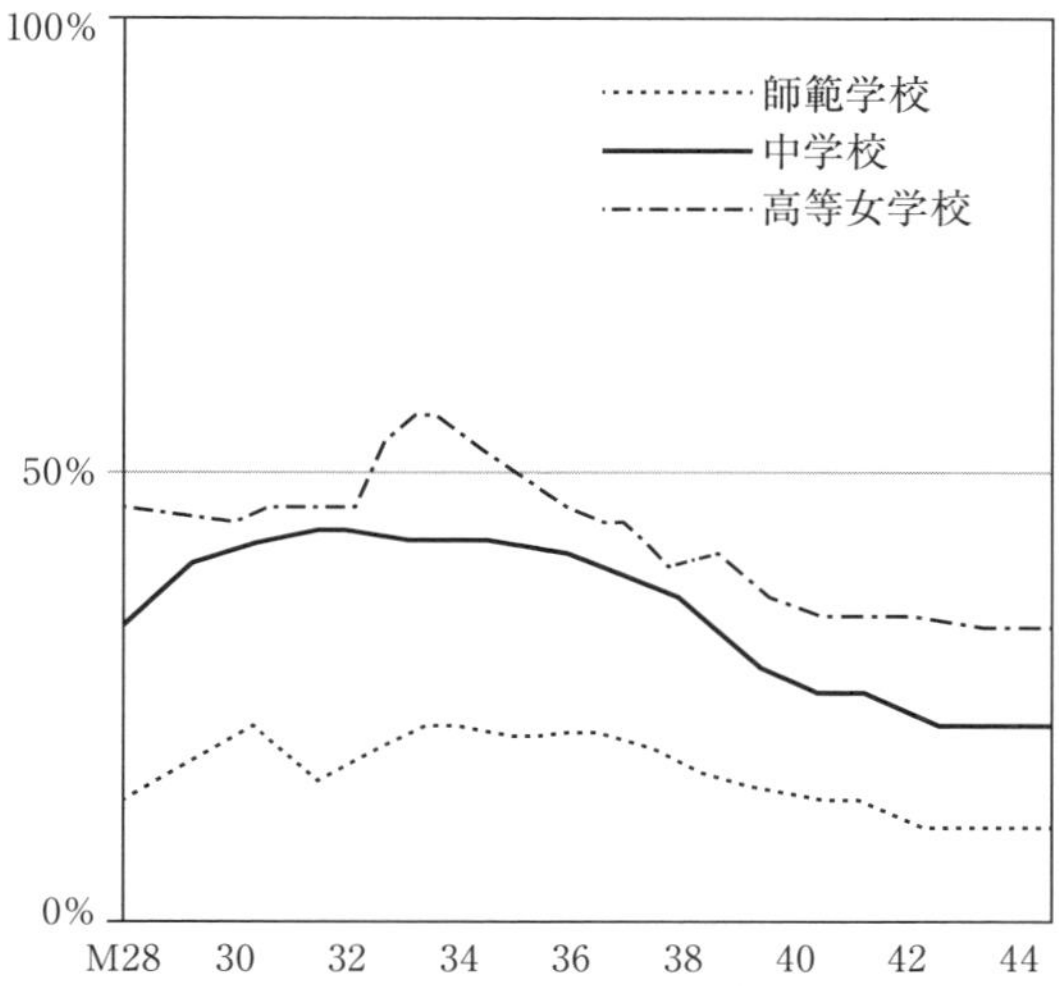

『文部省年報』各年度より作成。

図1-2：明治後半における中等学校数の推移

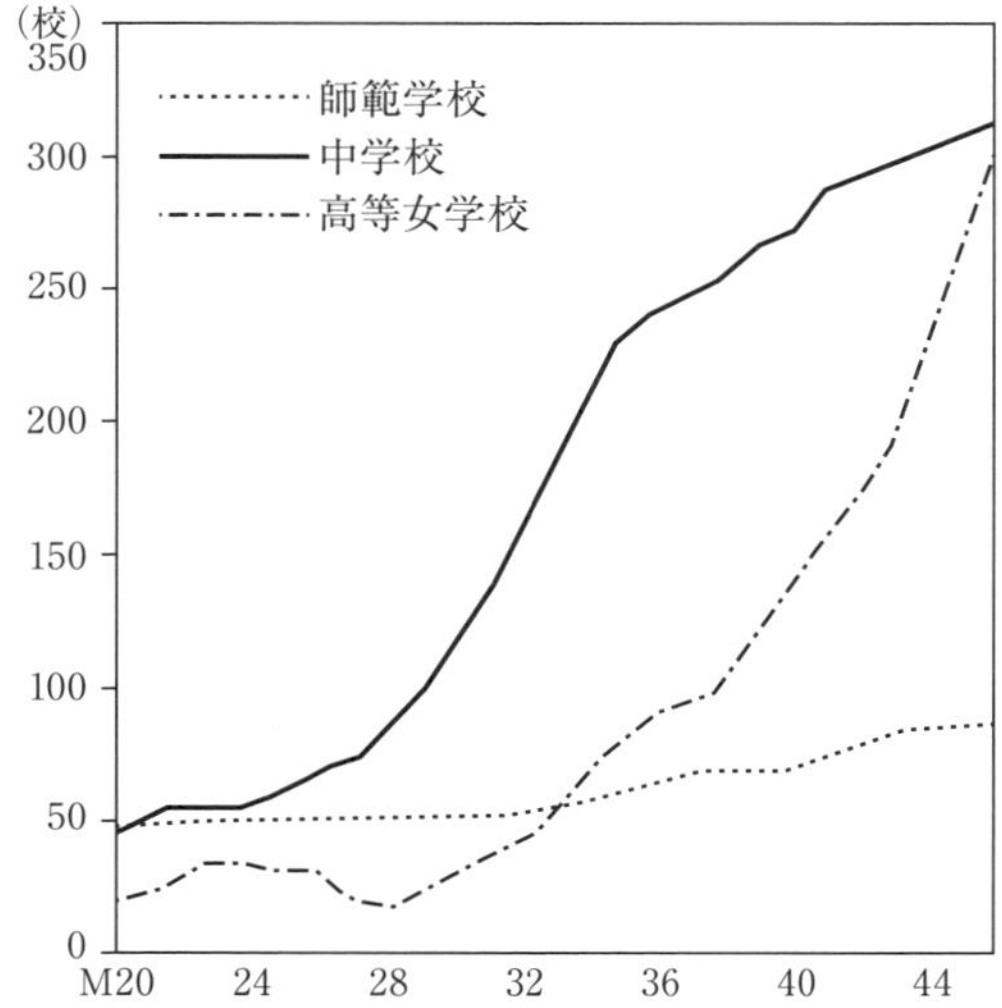

文部省編（1972）より作成。

治後半における中等学校数の推移である。明治20年代の後半から中学校の増設が加速しており、明治25年に61校であったものが、明治30年１１８校、35年２３６校、40年には２７８校となる。加えて、明治30年代半ばには遅れて高等女学校も増加しはじめている。こうした状況で、教員政策担当者にとっての最大の課題は、有資格教員の占有率を上げることであった（船寄　１９９８、p. 85）。

以上の状勢をうけ、私学側も無試験検定の許可を得るために、精力的に働きかけはじめる。それは、「中等教員養成を目的とする学校は、高等師範学校等、数個の官立学校に限定されていたから、公私立の学校、特に私立学校にとっては、無試験検定によって、中等教員の免許状を取得できる許可学校の取扱いを受けることが、私学経営上、魅力ある特典と考えられた」（牧　１９７１、p. ３９９）ためである。

哲学館は先立って、明治23、27年と中等教員無試験検定の特典授与の請願書を文部省に提出しているが、いずれも却下されている（中野・豊田　１９９６、p. 33）。その後、明治31年に哲学館、国学院、東京専門学校（現：早稲田大学）が中心となって、無試験検定の誓願運動によって働きかけるというように（天野　２００９、pp. ２７５-２７６）、私学間で連携して交渉する戦略をとった。結果、明治32年の「公私立学校、外国大学卒業生ノ教員免許ニ関スル規定」（文部省令第25号）によって、一定の基準を満たした私学に3年以上在学、卒業すれば、無試験による検定に基づき、中等教員免許の取得が可能になったのであった。[3] いわゆる無試験検定許可方式の誕生である。[4] これにより、中等教員養成が私学に対して公的に開放されることになった。この明治32年に無試験検定を許可されたのは、東京専門学校、哲学館、国学院の3校であった。

3．私学における目的的な中等教員養成機関の生成過程

3．1．中等教員養成機関としての高等師範部

さて、この3校以降、私学を中心とする無試験検定許可学校は、図1-3のように年代を追って新たに追加されていく。こうしたなか、主に「高等師範部・科」（一部は、「教育部」）と称して、目的的な養成部署を設ける私学があらわれてくる。表1-1がその一覧である。この高師部は原則として専門学校段階に位置づけられ、大学名称を認められた私学が予科の上に大学部を設けた際も、専門部と同等とされた（図1-4）。さらに、大正7年の大学令により私立大学が許可されて以降も、大学学部に昇格することなく、専門学校段階にとどまっていた。次に、これらの高師部を設置した私学の経緯について、明治・大正期の事例を中心に概観しよう。

3．2．文・理学系私学——教員検定試験の準備校——

3．2．1．哲学館

先にみたように、明治32年の文部省令第25号が発令される以前、無試験検定による中等教員免許の取得は官学卒業生に限られていた。よって、私学出身者が免許を得るためには、文検に合格する必要があった。無試験検定が私学に開放される以前には、そうした文検の受験学力を養成することで学生を集めていた私学が存在していた。

その一つが哲学館である。哲学館は東京大学哲学科の卒業生井上円了により、「哲学諸科ヲ教授シ専ラ速成ヲ旨トス」と哲学普及の理念に基づき、明治20年に創立された。その一方で、「教育家、宗教家ノ二者ヲ養成スル」（東洋大学編　1937、p. 5）という職業教育上の目的をも有していた。例えば、「館生中受験志願ノ者ハ準備ヲ要

スル都合モ可有之候ニ付今度特別ニ山口講師ニ依頼シ毎日曜本館ニ教育倫理ニ関スル講義有之候三級生共有志ノ者ハ随意ニ聴講致スベシ」（東洋大学百年史編纂委員会・他編　1989、p.93）と、当初から文検試験に向けた特別講義を催していた。つまり、文検の受

図1-3：無試験検定許可学校の新規許可校数

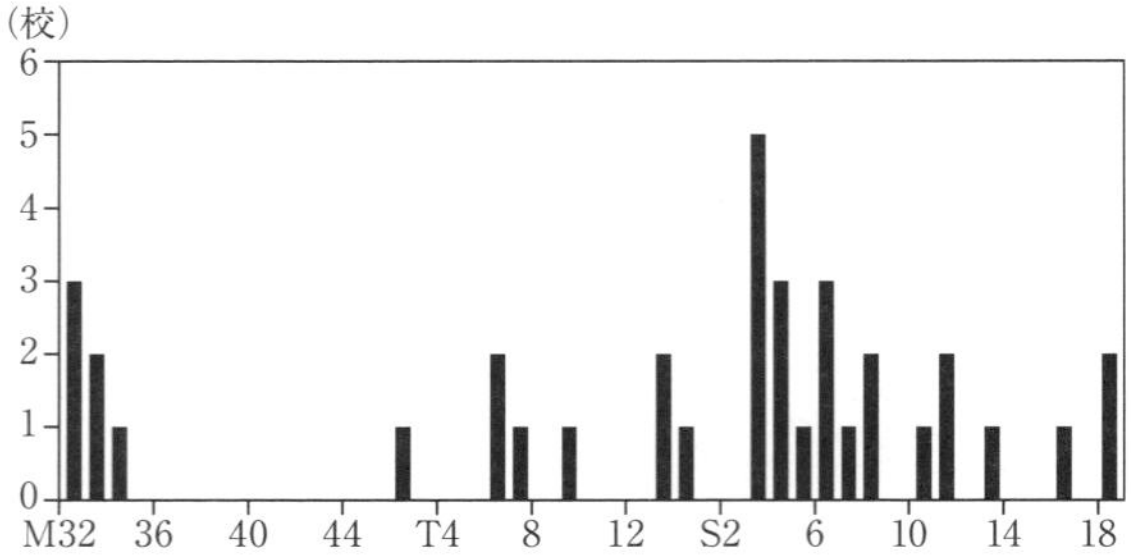

船寄・無試験検定研究会編（2005, pp. 285−436）より集計。
注：女子の許可学校は除く。

図1-4：高等教育制度上の私学高等師範部（大正初期）

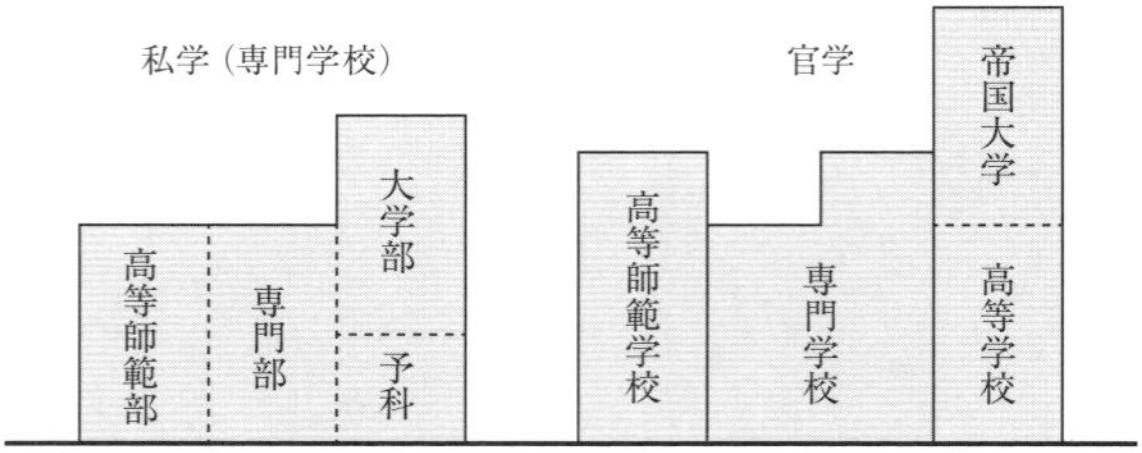

天野（1993, p. 89）をもとに作成。

表1-1：近代日本の私学高等師範部・科一覧

許可時の学校名	許可時の学部・学科名	許可時の無試験検定学科目	許可年	許可日
哲学館	教育部	修身、教育、漢文	明治32年	7月10日
国学院	師範部	日本歴史、国語	明治32年	7月27日
日本法律学校	高等師範科	修身、法制及経済	明治34年	10月29日
東京専門学校	高等師範部	修身及法制経済、英語、国語及漢文、歴史、地理	明治36年	11月27日
青山学院	高等学部英語師範科	英語	大正 5年	2月22日
東京物理学校	高等師範科理化学部・数学部	物理、化学、数学	大正 6年	3月26日
私立東北学院	専門部師範科	英語	大正 9年	9月22日
宗教大学	教育部	国語、漢文	大正13年	7月 5日
立正大学	専門部高等師範科	国語、漢文、歴史、地理	昭和 3年	1月14日
法政大学	専門部高等師範科	国語、漢文	昭和 3年	1月14日
同志社専門学校	英語師範部	英語	昭和 8年	3月15日
日本体育会体操学校	高等師範科	体操、教練	昭和11年	4月15日
駒沢大学	専門部高等師範科	国語、漢文、歴史、地理	昭和11年	6月19日

船寄・無試験検定研究会編（2005, pp. 285−436）、文部省大学学術局技術教育課編（1956, pp. 125−168）より作成。
注：女子の学校は除く。

験準備校という機能も担っていたのである。その後、中等教員無試験検定の許可を受けたのは明治32年であり、教育部卒業生に対し、修身、教育、漢文の科目において認められた。

文検の受験準備校という位置づけがあった哲学館は、無試験検定を許可されたことで、実質的に自前で教員を養成できるようになり、学生獲得にも影響が大きかった。例えば、教科書、教授内容が国体に反するとして無試験検定の取消処分をうけるという哲学館事件（明治35年）が起きた際、直後の明治36年の学生数は207名と、前年の288名から大きく減少し、卒業生もまた半減している（東洋大学百年史編纂委員会・他編　1993、p.505）。

明治36年になると、専門学校としての認可をうけ、私立哲学館大学として再出発する。哲学館事件後、井上円了の教育方針は文部省の干渉を許さない学校へと傾くが、やはり教員、出身者を中心に、一度は失った無試験検定再申請の動きがでてくる。そして名称を東洋大学と改称したその翌年（明治40年）に、大学部第一科・第二科、専門部第一科・第二科卒業生に対し、再び無試験検定が許可された。その後、東洋大学では高師部といった教員養成を看板にするセクションはとくに設けなかった。しかし、豊田（2001）は、それ以降もこの大学において は、中等教員養成が主たる機能であった点を明らかにしている。

3.2.2. 東京物理学校

一方、理学の分野でも文検受験の準備校という役割をもった私学が存在していた。東京大学理学部の卒業生たちによって、理学の普及を目的として明治14年に設立された東京物理学校（現：東京理科大学）である。この学校は、夏目漱石『坊っちゃん』（明治39年）の主人公の出身校としても知られる。作中で主人公は「三年間学問はしたが実を云うと教師になる気も、田舎へ行く考えも何もなかった。尤も教師以外に何をしようと云うあてもなかったから」（夏目　1950、p.16）と消極的な動機で中学校に赴くが、当時の物理学校で教員就職はきわめて妥当な進路

表1-2：文検合格者数と東京物理学校占有率
（明治27～大正11年）

	文検全合格者数	物理学校出身者数	物理学校占有率
数学	1488	790	53.1%
物理	174	133	76.4%
化学	111	43	38.7%

橘高（1982, pp. 142−143）より作成。
注：「物理学校出身者数」は卒業・在学・中退者を含んだ合格者数。

であった。「只今のところでは、世の中に数学物理学を修めたる人は余り沢山ござりません故に、此等の学問を卒業したる人あるときは、ばいとりがちに、諸学校の教員に聘用さると云ふ様なる有様」（藤澤　1935、p. 2）というように、明治期における理学の高等教育卒業生の受け皿としては、中等教員が一般的であったのである。[5]

ただし、『坊っちゃん』の主人公は中等教員としては無資格であった（小野　1990）。[6] 東京物理学校が無試験検定を受け、卒業生に教員免許が与えられるようになるのは、大正9年の卒業生からである。主人公の卒業は明治38年という設定であるから、免許を取得していなかったことになる。その明治38年に卒業した小倉金之助は、当時の学校の様子を、「自然科学のいわば本質的な研究をやりたいとか、或は正しい意味での科学の普及・科学の大衆化——そういうものに志す人は意外なほど少なく、大部分の生徒は、手取り早い中等教員としての資格を取ることに、専心した」（小倉　1967、p. 33）と、文検に向けた準備学習が盛んであったと回想している。表1-2は明治27年から大正11年までの、理科系科目の文検合格者数と物理学校出身者の合格者数を集計したものである。物理学校の占有率は数学53・1％、物理76・4％、化学38・7％と、実質的に文検の受験準備校として機能していたことが窺い知れる。

学校自体は「入るは易く、出るには難い」「あの学校の生徒は二年生にならねば本物ではない」と評されたように、卒業だけでなく進級さえも困難なことで有名であった（東京理科大学編　1981、p. 134）。こうした学内選別の厳格さもあって、物理学校の卒業生は一定の評価を得ており、免許資格がなくても中等教員としての需要があったはずだといわれる（小野　１９９０）。

東京物理学校は、大正６年に専門学校認可と同時に無試験検定の資格を得て、公的に中等教員養成が可能となった。これに伴い、１年前に規則改正が行われ、「中学校ヲ卒業シタル者及之ニ準スル者」を入学資格とする、３年制の高等師範科が設置された。この学科を卒業したものが無試験検定の対象となっている。

３．３．宗教系私学――教育の世俗化としての教員養成――

３．３．１．青山学院

続いて、宗教系で目的的な中等教員養成のセクションを設けた私学についてみていこう。まず、キリスト教である。天野（１９８９、pp. ２８５‐２８６）によれば、近代のキリスト教系私学は、もともと聖職者養成にあたる神学の教育課程と、アメリカのカレッジ流の教養教育課程の二つを中心に発展してきた。しかし、近代的職業への移動の手段として学歴を期待する中産階級の教育要求に応えるべく、学校の主要な特色である英語教育を、次第に中等教員養成に結びつけた英文科や英語師範科などに専門化していったとされる。

そうした学校の一つが青山学院である。青山学院は、米国メソジスト監督教会を経営母体とし、明治11年開学の耕教学舎と明治12年の美会神学校を源流とする。明治14年に東京英学校として新たに開校した際の広告には、「東京大学及び諸専門学校へ入学を望む輩並に普通学科を修業せんと欲する輩に必要の学科を教授せんとす」（『朝野新聞』明治14年3月24日、4面）とあり、上級学校の受験予備校という位置づけであった。その後、明治16年に東京英和学校、明治27年に青山学院と改称する。

さて、この明治中期にキリスト教系私学は危機的な局面を迎えていた。維新以降の欧化主義に対する反動として、明治20年代から国粋主義、国家主義の台頭が、キリスト系学校に大きな脅威となっていたのである。そして、明治32年の文部省訓令第12号により、キリスト教系私学は、その宗教教育を廃して徴兵猶予や上級学校入学資格といった特典をもつ学校として存続するか、宗教教育を保持しこれらの特典を放棄した各種学校としての地位に甘んずるかという、重大な決断を迫られることになった。青山学院が選択した道は後者であり、これにより中学部の生徒は、明治32年の213名が、翌年には110名と半減したという（青山学院編 1965、p.299）。その一方、高等科は明治33年に英語科中等教員無試験検定の認可を得た。キリスト教教育を維持して中学部が正規の中学校から除外されるなか、逆に、高等科では中等教員無試験検定という特典を得て、国家への適応を図ったのである。

明治末期の高等科の状況は当時の学生によると、「僕等と一緒に出た連中は、大抵学校の教師になつてゐる」（青山学院編 1932、p.140）、「純然たる英語の教員免許状目標の機関で、国語、漢文の如き、何の為めに教科目にあるのか、生徒にも職員にも全く会得の行かぬぐらゐ」（同右、p.149）というように、実質上、英語教員の養成機関として機能していた。その後、大正4年に高等科の拡張計画の中で高等学部と改称した際、人文科、実業科とともに、従来の高等科の内容を受け継ぐものとして、中等教員養成の英語師範科（4年制）が設置されている。

3.3.2. 東北学院

さて、もう一つの学校が東北学院である。東北学院は明治19年創立の仙台神学校にはじまる。アメリカ・ドイツ改革派教会の援助を得ながら、押川方義が初代校長となり、キリスト教の伝道者を養成する目的で設立された。その後、明治24年の東北学院への改称時に組織改革を行い、従来の神学部に加えて、その下に高等普通の一般学科を授けるための本科（4年制）と予科（3年制）を設置した。すなわち、聖職者養成にとどまらず、一般生徒も広く収容するように改めたのである。

こうして聖職者養成から脱皮し教育課程の近代化をはかる一方で、明治32年の文部省訓令第12号による宗教教育禁止の影響を、東北学院も被ることになる。当時の東北学院普通科は、まだ中学校令に準拠する学校ではなかったが、院長の押川は「直接影響を受けし事なしと雖ども亦間接には他の学校と等しく多少の損害を蒙らざるはなかりき」とし、その対応策の一つに「東北学院高等部は英文及英文学を専修せしめ卒業生をして英語及英文教授たるに適当なる資格を与ふる事」と報告していた（東北学院百年史編集委員会編　1989、p.402）。つまり、宗教教育禁止の原則をうけ、神学研究の手段としての英語教育から、職業につながる実学へと移行した結果、英語教員養成が教育目的として前景化していくのである（志子田　1991）。

その後、明治37年には専門科の中の文学部が、神学部とともに専門学校令に基づいて昇格する。さらに、大正7年には文科、師範科、商科の3科制を採用し（いずれも予科1年本科3年の4年制）、師範科は英語科中等教員の養成を目的とした。そして、大正9年に師範科卒業生に対し、英語科の無試験検定が許可されることとなった。

その他のキリスト教系私学で高師部を設けたものとしては、明治学院高等学部の英語師範科（大正7年に開設するも大正11年廃止）、昭和に入って同志社専門学校の英語師範部（昭和2年開設、昭和8年無試験検定許可）が挙げられる。

3.3.3. 国学院

次に神道系を源流とし、積極的な教員養成を行った国学院についてみていこう。国学院は、明治15年設立の神官神職の養成を主たる目的とする皇典講究所が母体である。しかし、2代所長に司法大臣山田顕義が就任すると、新たな学術的教育機関、すなわち国学院の創設へと歩み始める。創設時の新聞では「山田伯が総轄に係る皇典講究所ハ今後学科程度を高尚にし愈よ国学院の名称を以て現る、由にて此国学院ハ不日文部省にて発布せらる、専門学校令に依るに然らざれバ其他の特認を得て其の卒業生の師範学校中学校等の教師となり得べき資格を与へらる、積りなり」（『読売新聞』明治23年7月27日、朝刊2面）と報じられた。つまり、創立当初から中等教員養成を視野に入れていたのである。

第一期の入学生も「心理や教育を学科の中に加えてあった所からいえば、教員を養成する学校の方針であったろう」（国学院大学編　1982、p.63）と回顧している。また、明治30年頃までの「国学院卒業生ハ、従来、多クハ尋常中学、又ハ尋常師範学校ノ教師ニ従事シ、其幾分ハ文学ノ専攻ニ従事セリ」（校史資料課編　2002、p.71）という状況であった。国学院は明治期より、神職と並んで、中等教員養成を主たる機能としていたことが分かる。

明治32年には、哲学館、東京専門学校と並び、資格獲得運動を積極的に展開した結果、国学院師範部が無試験検定の許可を得た。後に師範部は国語漢文科と歴史地理科の2科に分かれ、国学院が大学に昇格した大正9年に高等師範科へと改称し、大正12年には国学院大学附属高等師範部となった。なお、昭和4年に3年制から4年制へと修業年限を延長している。

3.3.4. 大正大学

続いて、仏教系私学について概観しよう。名倉（1971）によれば、仏教諸宗派の宗学研究、僧侶養成機関であった近世の寺院学校は、明治初期に学制改革、修業年限の確定、普通科目の導入など課程の近代化に務め、閉鎖的な僧侶教育から僧侶の子弟の教育へとその機能を転じてきたとされる。しかし、私学全体からみると、戦前期の仏教系私学は内部保守派層の抵抗が強く、僧侶の養成機関からの脱皮にきわめて消極的で、中産階級の教育要求への対応といった教育課程の世俗化に遅れをみせていた（天野　1989）。中等教員という近代的職業人の養成についても、他の私学群に比べていささかスタートは遅かった。そうしたなかでも、一部の学校で中等教員の養成が大正期から行われていた。

その一つとして、まず浄土宗系の大正大学が挙げられる。江戸時代の十八檀林の学寮に端を発する僧侶養成機関は、明治の新教育令に準拠して明治20年に宗学本校、明治31年に浄土宗高等学院となる。明治35年には浄土宗高等学院内に仏教主義による中等教員養成機関として、夜間就学で国語・漢文専攻の東京文学院が開設された。この養成機関はまもなく廃止となるが、大正４年に４年制（予科１年本科３年）の宗教大学教育部として復活する。しかしながら、「教育部が新設された当初は、中等教員無試験検定の特典がなかったため、あまり振わず、一時は閉鎖の危機もあったが、社団法人浄土宗育英会が、教育部生徒に対し、奨学資金を支給することにした」（大正大学五十年史編纂委員会編　１９７６、pp. 66-67）と切迫した状況であった。大正11年になると予科本科の別を廃し、３年制の教育部に変更した。そして、大正13年にようやく国語漢文の中等教員無試験検定が許可された。

天台宗、新義真言宗豊山派と合同し連合大学として、大正15年に大学令に基づく大正大学に発展した際には、宗教大学教育部が大正大学高等師範科として継続する。大正大学は設立当初３年制の大学部（仏教学科・哲学科・宗教学科・史学科・文学科）と、大学予科（３年制）、専門部（３年制）を設置し、専門部の中に仏教科と高等師範科をおいた。その後、昭和10年から高等師範科は第一部（国語・漢文専攻）、第二部（歴史・公民学専攻）に分かれている。

3.3.5. 立正大学

さらに、中等教員養成を積極的に展開した仏教系私学として、立正大学が挙げられる。立正大学は、明治５年の日蓮宗小教院を淵源とし、その後幾度の名称、制度の変遷を経て、明治37年に日蓮宗大学林（明治40年に日蓮宗大学と改称）が専門学校令による学校として認可される。日蓮宗門下学徒の教育を目的としてきた日蓮宗大学は、大正14年に立正大学専門部と改称された。専門部には宗教科の他に、歴史地理科、国語漢文科の２科が加えられた。この2科は翌年高等師範科と改称され、教員養成の位置づけが明確になった。

新設当初は「当時無試験検定は許可されてはいない。学生は、万一を慮って、文検受験も目指していた」（立正大学地理学教室創立60周年記念会・他編　1985、p.61）という状況であった。しかし結局、昭和3年1月に国語・漢文・地理・歴史の無試験検定の特典を得ている。さらに、立正大学の高等師範科は夜間の3年制であって、「教員を志しながら、昼間就労せざるをえなかった者、あるいは小学校教員にしてさらに上級の資格習得を目指す好学の青年に広く門戸を開いたものであった」（大学史編纂委員会編　1992、p.55）。

その他にも高師部を設置した仏教系私学として、昭和8年に国語漢文科、地理歴史科の2科による専門部高等師範科を設置した駒沢大学がある。

3.4. 法学系私学──総合化の一環としての教員養成──

3.4.1. 早稲田大学

最後に、法律学校系の私学についてみていきたい。法学系私学はその多くが早くから専門学部の複合化を図り、私学の大学化を牽引してきたとされる（天野　1989）。こうした総合化の一環として、高師部を設けた学校が一部に存在した。

その一つが、哲学館、国学院と並んで資格獲得運動を行い、私学のなかで最も早く中等教員無試験検定の許可を得た早稲田大学である。明治14年の政変により下野した大隈重信が、帝国大学政治学科の卒業生とともに明治15年に創立した前身の東京専門学校は、当初から政治経済科、法学科、理学科、英学科を設置し、総合的な学術機関として出発する。そして、明治23年には新たに坪内逍遥主宰の文科を設置した。しかし、設置当初から当局は文科卒業生の就職先に大きな憂慮を抱いていた。学生の多くは作家やジャーナリスト志望であったが、こうした分野での需要は限られていたとされる（早稲田大学大学史編集所編　１９９０、pp.８３７-８３８）。文科は明治32年に無試験検定を得たが、より効率的に中等教員免許を取得させるために学科の改編を行い、文科から分離する形で明治36年に高等師範部が設けられた。

高等師範部は国語漢文科・歴史地理科・法制経済科・英語科の４科体制でスタートし、明治43年には数学科・理化学科を新設するなど、養成の総合化を志向した。しかし、法制経済科・歴史地理科と理系学科は長く続かず[7]、結局、国語漢文科と英語科の２科体制が継続した。その後、大正10年に３年制から、官立高師同様の４年制に変更されている。

3.4.2.日本大学

さて、高師部の設置という点では、早稲田よりも早かったのが日本大学である。国学院と同様に皇典講究所を起源とし、日本固有の国法の研究、教授を目的に、日本法律学校が明治22年に創設される。その日本法律学校が高等師範科を設置するのは明治34年である。無試験検定の許可科目としては、修身と法制経済であった。慶応や早稲田と並び、積極的な学部・学科の複合化を図った日本大学であったが、創立以来夜学主体という点で、その性格は大きく異なる。実際、東京市内あるいは近県の官公庁、会社等に勤務しながらも、判検事、弁護士試験、そして中等教員を目標とする青年たちが入学していたという（日本大学編　１９８２、p.４９０）。すなわち、勤労青年の上昇移動に必要な資格を得るための準備機関として機能していたのである。よって、高等師範科も３年制の夜間学部として設置された。

明治36年に日本法律学校が日本大学と改称するに伴って、高等師範科は高等師範部へと改編された。大正９年に日本大学が大学令に依拠して昇格した際には、高等師範部に国語漢文科が、大正15年には地理歴史科、英語科の2科が増設され、高師部の総合化が図られていった。

それ以降、法学系で高師部を設けたものとして、昭和に入って法政大学専門部高等師範科（昭和3年に国語・漢文が無試験検定許可、夜間学部）がある。

4．私学高等師範部の設置要因

では、これらの私学はいかなる背景のもとで、教員養成に特化した部署、すなわち高師部を設けたのだろうか。ここからはその要因について考察を試みたい。

4．1．中等教員需要の拡大

まず、明治後半から昭和初期にかけての教員需要の継続的な拡大が挙げられる。そもそも明治32年の私学に対する中等教員無試験検定の開放は、日清戦争後の急速な中学校の拡大と有資格教員の需要増に基づくものであった。それ以降も、大正中期から昭和初頭にかけて、中学校、とりわけ高等女学校が増加を続けていた（図1-5）。これに対し、文部省も高師の増設や臨教の新設で教員不足に対応してきたが、結果的に需要を十分に満たすレベルには至らなかった。その結果、「全国的の中等諸学校の拡張に伴ひ、一般的に教員の払底を告げるや、是等各学校は競ふて高等師範部を新設又は拡張して、一挙に多数の学生を収容」（立仙　1931、p.15）というように、私学が高師部を設置して、教員供給の一翼を担うに至ったのである。

4.2. 学校経営・存続のための戦略

そして、そもそも私学が教員需要拡大の時勢に反応したのは、経営上の一つの戦略であったといえる。とりわけ明治期には私学の大部分が学校経営のための十分な財政的基盤を欠いており、それを学生からの授業料収入に頼るほかはなかった（天野　1989）。そのなかで、中等教員無試験検定の特典は、文部省による統制という負の側面と引き換えても、学生獲得の大きな誘因となったのである（牧　1971、p.399）。その恩恵を最大化するために、免許取得に特化したのが高師部であったといえよう。とくに、夜間の高師部は、官学が想定しない勤労青年の教育需要に焦点づけた、学生獲得の戦略であったと考えられる。

図1-5：大正・昭和初期における中等学校数の推移

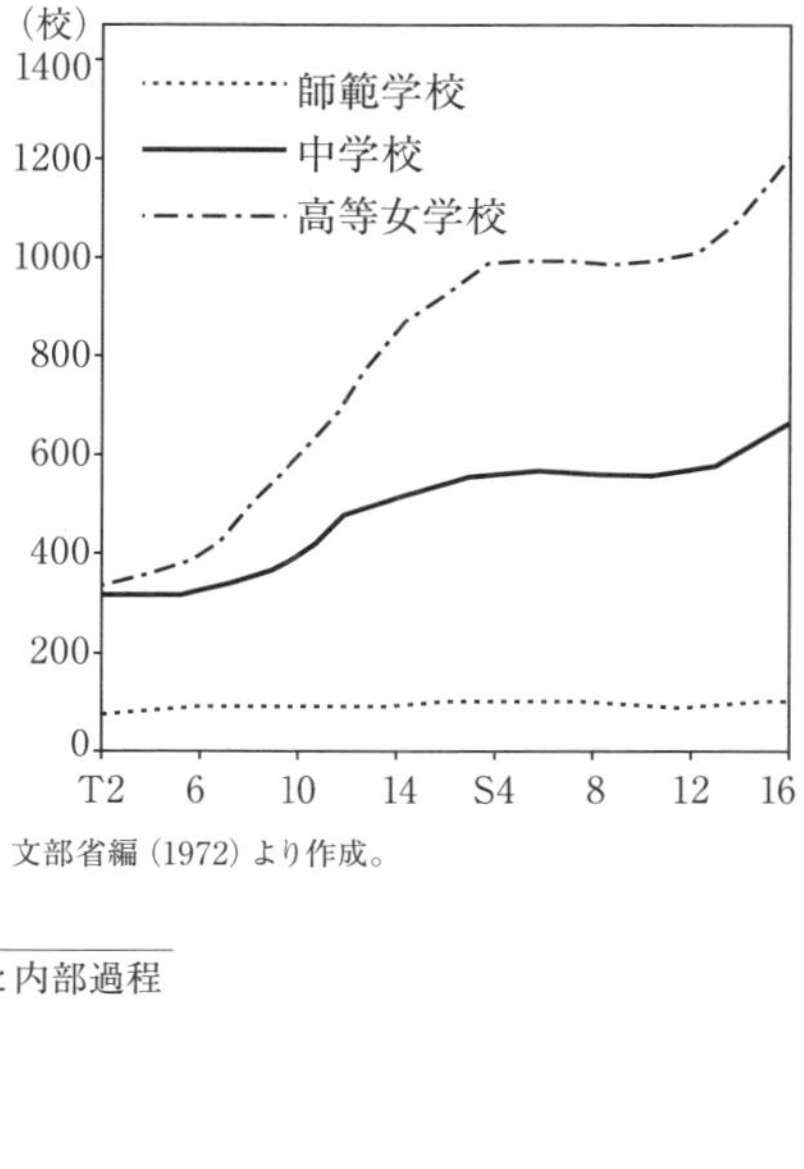

文部省編（1972）より作成。

一方、キリスト教系の私学は、海外の教会組織からの資金提供により設立・運営され、他の私学と比べると経営が安定していた（天野　1989）。ただし、キリスト教系学校には、明治20年代から台頭する国家主義による圧迫という別の問題があった。その対応策として、キリスト教系私学は学校存続のために、積極的に国家に適応し、様々な制度的特典を得ようと模索したとされる（大島　1985、p.20）。つまり、キリスト教教育に対する疑念を、制度的に適応することで解消し、公的な教育機関としての正当性を獲得して学校を存続させるねらいがあった。

そのうち、専門学校令への準拠とともに重要な側面をもったのが、中等教員無試験検定の獲得、並びに公的な職業人養成に特化した高師部の設置であったと考えられる。

4．3．非実学としての人文系と職業教育化

さて、もう一つの要因を、高師部がいかなる専門領域から派生してきたのかという点から考察してみたい。そもそも明治後期に中等教員養成機能を分担したのは、人文的教育を主とする私学であった（中内・川合編 1970、p. 88）。そして、高師部の多くも、やはり国語漢文、英語等の免許を取得させる人文系の学科が目立つ。青山学院の英文学、国学院の国文学というように、人文教育を基盤とする私学が高師部を設置したのである。法学系私学のなかでは、早稲田と日大が早くから高師部を設けたが、そのうち早稲田のそれは文科から分岐したものであった。人文系を源流に高師部が数多く生まれたのはなぜだろうか。

それは、おそらく高等教育における人文系卒業生の配分の問題が関係していたと思われる。例えば、帝大文学部は「職業教育とは無縁の学問を研究する場」（橋本 1996a、p. 101）であって、法学部や経済学部とは異なり、卒業後の職業との接続が弱い、就職に不利な学部であった。[8] 当然、それは私学の文学部も同様であった。比較的文学部の学生数が多かった早稲田の事例をみよう。

浦上五三郎【大正11年早大文学部卒】は、大正期における早大文科の入学事情を次のように記している。ある者は「商科へでも行くのだったら何とかして学資を出してやってもいゝが、文科などへ入って行く末食ひつめ者になりたいやうな不了見では学校へやることはできない」と親に反対される。また別の者は「文科へ志を向けると、田舎で遺産を管理してゐる親戚の有力者から忽ち強硬な反対を受けて、男子にあるまじき賤業か、でなければ何

か不正な職業をでも習得するもの、やうに厳戒」(浦上五三郎遺稿集刊行会編　1963、pp.243-244)されたという。英文学者で早大出身の谷崎精二によれば、「資産家の息子が文科へ入学するといったら、親が承知しなかった。どうせ食えない覚悟ではいって来るのは貧乏人の子弟だけだった」(谷崎　1972、p.169)。そして、あえて入学した者は、「中学と高等学校の先生か養子の口ばかり製出するその頃の帝大の文科は頭から毛嫌ひしてゐたし、二三私立大学の文科はもの、数でないやうに思へてゐたので、どうしても自分の文学に磨きをかけてくれる所は早稲田の文科より他にないと信じきってゐた」(浦上　1963、p.249)と、その進学動機が文学青年の憧憬にあったという。

表1-3：早稲田大学学部別卒業生職業一覧（昭和3年時）（%）

	政治経済 N=1627	法 N=682	文 N=1252	商 N=5717	理工 N=2032
〈教員〉					
高等教員	0.7	2.1	7.6	0.3	1.8
中等教員	2.6	1.5	36.3	2.2	3.3
その他	0.9	0.4	0.9	0.3	0.0
官公吏・議員	15.7	29.2	5.6	7.7	28.3
会社員	47.3	41.3	9.4	65.3	53.4
弁護士	0.2	5.1	0.2	0.1	0.4
記者・著述家	12.7	4.0	21.6	1.8	0.2
技術者	0.0	0.0	0.0	0.0	6.6
商業	7.6	5.9	2.1	14.3	2.2
工業	0.7	0.6	0.1	2.0	2.8
農業	4.7	4.7	1.6	1.1	0.2
その他	6.9	5.3	14.6	5.1	0.8

『早稲田学報』409号，昭和4年3月10日，pp. 22－23より作成。

　とはいえ、明治期から「文学部出のものの職業として一番良かったのは、中等学校の教諭であった」(石橋　1972、p.265)。実際、就職先を量的に検証した橋本(1996b、p.12)によれば、帝大を含め、明治・大正期における私学の文学部は「中等教員の創出が最大公約数的な機能であった」。確かに、早大卒業生の昭和初期における就業状況をみると(表1-3)、文学部は会社員の比率が1割にも満たず、中等教員の比率が他学部と比べて圧倒的に高い(36.3%)。職業との関連が希薄な文学部において、中等教員は最も予見される将来であった。したがって、文学部で中等教員免許を付与できるか否かは、その存在意義を揺るがす死活問題であったといえる。例えば、無試験検定が許可されていなかった大正期の関西学院文科について、当時の教員は次のように述べている。「実際これまでも文科といふ名はありはしたが、いつも商科や神学部に圧された形で、あまりの心細さに中途で出てしまふか、神学部へ入つてしまふかで、終まで続いた者がない。……文科といへば、無論文学志望が主ではあるが、皆が皆まで文章で立てる人許りでもないのだから、学校としては何うかして早稲田の文科のやうに、矢張り卒業生には中等教員の免許状位は持たして出し度かつた」（池田　1931、p. 290）。

非実学である人文系における職業との結びつきは、作家やジャーナリズムなど文筆業のほかに、広く社会的に需要があった専門職としての中等教員に限定されていた。よって、哲学の普及や宗教的道徳の涵養といった教育理念をもつ人文系私学が、学生不足、財政難、宗教的排斥といった現実的問題に直面し、近代的な職業教育へ舵を切る必要に迫られた場合、必然的にそれは中等教員の養成へと向けられたのである。結局のところ、職業との接続が希薄な人文系私学が、職業教育を前景化させ、教員養成に特化したのが高師部であり、非実学である人文系という学問領域が、目的的な教員養成機関の生成に寄与したと考えられるのである。

5. 私学高等師範部の制度的特質と内部過程

5. 1. 教員免許をめぐる文学部の二つの学生文化

では、以上の制度的背景をもつ高師部では、いかなる学生文化がはぐくまれることになったのか。本章の最後に、高師部の内部過程について触れておきたい。高師部は、主に人文系から派生し、免許取得、教員養成に制度的に特化したセクションであった。しかし、そもそも文学系統に所属した学生は、結果的にその就職者が多数を占めたものの、必ずしも中等教員免許の取得と、予期される中等教員への就職を望ましく思っていたわけではない。石橋湛山【明治40年早大文科卒】は在学当時を、以下のように回想している。

坪内先生はまた、英語の訳読（何をテキストとしたか忘れたが）も持っておられたが、ある時、こういう英語の使い方は、将来諸君が中学の教師になった場合、覚えておかなくてはならぬという意味のことをいわれたので、がっかりした。こっちは大哲学者になるつもりでいるのに、先生は中学の教師を作るつもりでいるのかと、いわゆる幻滅を感じたのである。しかし、これも実は先生の親切な注意で、反感をいだいたのは、私の誤りである。ただし早稲田大学の教育も、そのころから、やや「高遠の理想」を失い、職業教育の弊に堕しつつあったことも事実であったであろう（石橋　１９８５、p. 72）。

また、大正初期の早大文科では、中等教員免許を取得できるクラスと免許取得を希望しないクラスに分かれていた。当時在籍していた西條八十【大正4年卒】によれば、「Bクラスにはいる奴はまずもって教員免状抛棄届というものを事務所に出すのだ。卒業しても教員免状はもらえない。その代り出欠席はかなり自由で、教育学なんて面倒くさいものはやらずにすむ。われらはそうした背水の陣を敷いて文学へ進む学徒だった」（西條　１９６２、pp. 83-84）。同時期に在籍し、詩人で文学研究者となった日夏耿之介【大正3年卒】もBクラスであったが、「……教育学とか教授法とかいふ自分にとつては詰らぬ学問を修めぬと中等教員の免状をくれぬといふ事であつた。わたくしは中等教員などになるつもりで早稲田へ入ったのでないから、勿論そんな免状は見向きもしなかった」（日夏1978、p.19）。

このように、アカデミズムや文筆で身を立てようという文学部生にとって、教育学などの余計な単位を要する教員免許取得は煩わしいものでしかなかった。作家の広津和郎【大正2年卒】は次のように回想する。「早稲田の文科を卒業すると中等教員の免状が貰える。そこに文科に学ぶ者の消極的な安全保障があるわけであった。もし文筆家として立てなくとも、中等学校の教員の資格があれば何とか細々ながら生活は立って行くからである」（広津1992、pp.151-152）。つまり、中等教員免許は、文筆で食い扶持が得られない場合の「消極的な安全保障」と意味づけていた者もいたのである。

その一方で、広津は免許取得を「放棄しないものを一部、放棄したものを二部ということにしたが、一部のものにはその性質上、出席者が割合に多かつたが、二部の者にはだんだん欠席するものが多くなつて行つた」（広津1963、p.119）とも指摘している。当時、免許取得を希望するコースに属していた者は、二つのコースにおける学生の性格の違いを次のように述べている。

第一部と第二部に分かれていたけれど大部分の課目は合併で授業をうけていた。一部は……中学教員免許状を貰えるコースであった。二部は作家、評論家等自由業を志すもののためのコースであった。従って割合に規則正しく勤勉に勉学しているものと、好きな講義にだけ出て来て自分に用のないクラスにはいつもサボっているという両種の混合であった。わたしの選んだ一部の方には文部省が教員免許状交付の条件に出席日数というものをつけている関係もあって真面目に出席するものが多かった。この条件が何うでもよいという学生には出席も強要はされなかった。わたしの目にはそういう連中はサボってばかりいる不真面目な連中と映っていた……（多田　１９９１、pp. 15-16）。【大正３年卒】

つまり、教員免許取得をめぐって、当時の早大文学部には二つの学生文化が存在していたことになる。文筆で将来の糧を得ようという学生は、教員免許に必要な教育学等の科目はもちろん、大学の授業自体に必ずしも重きをおいていなかった。一方、免許取得を希望した場合、出席条件による拘束もあり、比較的真面目に修学する必要があったといえる。

5．2．目的的な教員養成機関としての高等師範部とその文化

以上は、一般的に文筆方面の志望者が多いとされた早大文学部の特異な事例かもしれない。とはいえ、少なくとも教員免許取得を希望するか否かが、修学に対する意識や態度を規定し、異なる学生文化をはぐくむ要因となりえたことは理解できる。したがって、教員養成を主目的とする早大高師部については、その学生文化を示唆する、次のような指摘がみられる。

なにしろ無試験検定と言っても平均点七十五点以上を取らねばならないとなると勉強しないではいられない。授業もサボるわけにいかない。先生達にも厳格な人が多かった。地味で堅実で、下宿屋のおかみさんなどへは奔放不羈な文学部や専門部の学生より信用があったが、頭が堅くて面白くない学生が多いということになった（早稲田大学大学史編集所編　１９９０、p. ８７８）。

このように、免許取得に要求される一定以上の成績、出席日数の厳格な管理といった内部過程が、いわゆる「地味」「堅実」「真面目」、逆に言えば「頭が堅くて、面白くない」高師部学生を生み出す背景になっていたと推測される。さらに、養成に特化した高師部の場合、文学部に比して、教員養成機関としてのチャーター（Meyer 1977）が学生文化に影響を及ぼした可能性も考えられる。つまり、公的職業としての教員を養成する専門的機関という制度的な効果が、一層「真面目」で「面白くない」学生気質を形づくる一因にもなりえたはずである。

また、高師部の授業内容について、昭和初期の卒業生はある教員の講義を次のように評している。

> 先生の講義は、原文の一字一句を疎かにせず忠実に口語に訳そうとなさった。……正直いって先生の講義は、古典の文学的な情緒や雰囲気または文化史的背景などに触れるということはあまりなかったので、大学の講義としてはいささか不満であり、もの足りなさを感じないわけでもなかった。しかしそうした講義のあり方は、謹直な先生のご性格によるものなのか、或いは将来中等教員として必要な古典の読解に力を入れられたためであったのか、よくはわからない。ともかくも、原文を忠実に正しく読み解く力は中等教員として最も重要な基礎的な能力であって、このことは自分が実際教壇に立ってみて痛感したことであった（小路 1983、pp. 92-93）。【昭和10年早大高師部卒】

実際、高師部出身【昭和5年卒】で早大教員であった川副国基（1969、p. 68）によれば、「高等師範部の学生は、卒業後は現場の国語教師、英語教師になるところから、なによりも典籍読解の実力をつけねばならないというので、大正期に入ると教科も先生も文学科とはすこしずつちがうものとなり、おのずから別の学風をもつようになってきた。高等師範部の方は地味に着実に典籍の訓詁注釈の方面に力を注ぎ、文学科の創作や鑑賞・批評に傾斜した行きかたとは風をことにしてきた」という。

さらに、早稲田と同様、高師部と大学文学部が併置されていた国学院では、昭和期の教員座談会において、両者における教育方針の違いを、以下のように議論している。

堀江「高等師範部と神道部は学部と違つて卒業したらすぐ役に立つ人々を養成する目的で教育してゐるので教授科目の内容は微細に教へ込むといふ方針で学部の研究態度を教へるといふ方針とは違つて教へる人を造るのが目的です、有用な人を造るつもりで教育してゐます」

小野「予科から学部の系統は理論的で粗雑といふとおかしいが大綱をつかませる、師範部の方は細かく時間も多いといふ様な点が違ふ様ですね」

……

渾太防「師範部の気風といふのは教授が親切過ぎるので他に頼る気風が出来るのではないんですか」

内藤「学部で論文を課するのは良いですね、学問に対する熱情が刺激されて非常に良い影響を与へますね、師範部の方はきうくつな所がある様です」

……

渾太防「矢張りそれは大学と専門学校の違ひとか中学と師範学校との違ひとか云ふものではないではないでせうか」（『国学院大学新聞』第92号、昭和14年2月5日、3面）

以上から、学術的雰囲気のなかで研究的な態度を育成する大学段階の文学部と異なり、微細な知識を正確かつ速成的に教え込むといった高師部教育の特性が浮びあがる。それと同時に、学術研究（文学部）と教員養成（高師部）という機能の制度的分化が、高等教育内部での序列化をもたらしていた可能性もある。[9] つまり、教員養成に特化した専門学校段階の高師部は、学術機関としての高等教育におけるヒエラルキーの低位に位置づけられていたということである。例えば、早大高師部が戦後に教育学部として再編された際の事情について、当時の高師部教員は、後年のインタビューで次のように述べている。

質問者　…ところで、ちょっと微妙なお話になるかもしれませんが、教育学部が誕生するときの文学部との関係などについてお話いただけませんでしょうか。

萩原　なんの関係もないんですわね。ただ、その……、いわば全体に漂った気持ちは教育学部は成上り者だという考え。俺たちの方が本家だという考えはだいぶ文学部に強かったですね（星・橋本　１９９３、p.17）。

こうした高師部の制度的位置やその背景も、高師部生の内面や学生文化、さらには教師としての社会化に影響をもたらしたことが十分に想定されよう。

6. まとめ

以上、中等教員養成の私学に対する開放の経緯を概観し、教員養成に特化した部署の生成過程とその内部過程について検証してきた。さて、本章でみてきた設置過程から、私学における高師部を、開講形態と修業年限によって制度的に分類すると表1-4のようになる。[10] 早稲田やキリスト系学校が属する「昼間部」「4年制」は、正系の養成機関である官立高師と同等の位置にある。一方で、日大、法政などは「夜間部」「3年制」と、制度的に高師から最も遠いといえよう。さらに、大正末に私学高師部へ入学した者の前歴をみると（表1-5）、昼間部の高師部入学者はほとんどが中学校を経ていた。この点は同時期の官立高師も同様である（山田　2002、pp.60-62）。一方、夜間部の場合、師範学校やそれ以外など、いわゆる傍系のルートを辿った者が目立っている。つまり、昼間と夜間の高師部では、異なる人材を吸収していたのであり、養成機関としての役割をそれぞれ異にした

表1-4：私学高等師範部の制度的分類
（大正後期）

私　学			（官　学）
昼間部 4年制	昼間部 3年制	夜間部 3年制	昼間部 4年制
早稲田 青山学院 東北学院	国学院 大正	日本 法政 立正 東京物理	（東京高師） （広島高師）

表1-5：私学高等師範部入学者学歴（大正15年）

	中学校		師範学校		その他		計
昼間部·4年制							
早大高師部	231	90.9%	6	2.4%	17	6.7%	254
青山学院英師科	69	92.0%	2	2.7%	4	5.3%	75
昼間部·3年制							
国学院高師部	135	84.4%	10	6.3%	15	9.4%	160
大正大高師科	84	100.0%	0	0.0%	0	0.0%	84
夜間部·3年制							
日大高師部	96	41.0%	95	40.6%	43	18.4%	234
東京物理高師科	334	65.2%	36	7.0%	142	27.7%	512

帝国教育会編（1927, p. 167［は］）より作成。

可能性がある。

したがって、後の第4章、第5章では、両者の代表的な事例として、早大と日大の高師部を取り上げたい。そして、官立高師との比較から、出身者のキャリアや養成機関の機能を詳細に検証する。その上で第6章では、私学の事例校を増やし、また比較対象として高師のみならず、帝大や臨教も加えて、総合的な分析を行うものとする。ただその前に、次章では私学の高師部がいかなる社会的評価を得ていたのかについて、入学競争率と免許取得状況を中心に検証したい。

〈注〉

(1)ただし、明治初頭には、慶応義塾の出身者が、とくに英語、商業の科目を中心に中等教員として実績を残していたとされる(例えば、三好　1991、pp. 38-43)。しかし、中等教員の免許制度が確立する前の短期間の事例である。

(2)明治10年前後には石川県、新潟県、埼玉県に中学師範学校が、長野県師範学校に中学師範科が設けられ、明治半ばから後半にかけて中等教員を輩出していたが、その数は決して多くなかった(中内・川合編　1970、p. 78)。

(3)具体的には、私学であってもその学校が①「高等師範学校女子高等師範学校ノ当該科目ト同等以上ノ程度ニシテ、別ニ相当ノ補助科目ヲ具フルコト」、②「学科ヲ教授スルニ足ルベキ教員其他ノ設備アルコト」、③「維持ノ方法確実ナルコト」などの要件を備える場合、文部大臣の許可により、無試験検定を認めることになった(林　1971、pp. 243-244)。

(4)無試験検定には指定学校方式もあり、「文部大臣ノ指定シタル官立学校ノ卒業生及選科修了生」(明治33年「教員検定ニ関スル規定」第5条)に対して免許が授与された。指定学校と許可学校の違いについては、端的にいえば、「指定学校は官立に限定され、公立と私立は許可学校に分類されたこと、許可学校として許可されるにはきわめて厳格な国家的規制が加えられたことにあった」(牧　1971、p. 385)とされる。

(5)これは東京物理学校に限ったことではなく、帝大でも同様であった。山田(2002、p. 161)は、昭和4年までの全東京帝大卒業者の就職状況を学部別に集計している。このうち、理学部の教員就職は50・3%と職業のなかで最も高い比率を示していた。同じ理系でも工学部の場合は、多い順に銀行会社員(47・9%)、官吏(31・4%)と続き、学校教職員は11・3%に過ぎなかった。

(6)明治33年「教員免許令」第2条では、「特別ノ規定アル場合ヲ除クノ外本令ニ依リ免許状ヲ有スル者ニ非サレハ教員タルコトヲ得ス但シ文部大臣ノ定ムル所ニ依リ免許状ヲ有セサル者ヲ以テ教員ニ充ツルコトヲ得」とあり、免許状主義を原則としながらも、無資格教員の存在も一応認められていた。

(7)大学部理工科の設置(明治41年)後に開設された高師部の数学科・理化学科は、結局無試験検定の資格を与えられず、学生数も限られたため、大正7年に廃止になっている（早稲田大学大学史編集所編　1990、p. 844）。

（8）例えば、竹内（2003、pp. 91-95）は明治後半における帝大文学部卒業生の就職率の低さと、就職先が学校教員に限定されていたことを指摘している。また、山田（2002、p. 161）は昭和4年時までの全東京帝大文学部卒業生の就職状況を検証しているが、学校職員の比率は約7割で最も多く、その大半が中等教員であった。

（9）学術研究と教員養成に関わる高等教育内部での序列の問題は、山田（1993）に詳述されている。

（10）これは大正後期という一時点での分類であって、常にこの枠組が維持されていたわけではない。例えば、3年制の国学院の高師部は、昭和4年になって4年制に移行している。また、東京物理学校は大正12年から正式に第1部（昼間）、第2部（夜間）の2部制になっているが、「授業ハ主トシテ夜間ニ之ヲ行フモノトス」という創立時の学則が後々まで引き継がれていたことから（東京理科大学編　1981、p. 115）、この表では夜間部として扱った。

第2章

私学における中等教員養成機関の社会的評価

――私学高等師範部の入学時選抜と免許取得状況――

1．はじめに

戦前期の中等教員養成ルートには、それぞれ一定の評価が存在していたことが知られる。例えば、高師は「教育の総本山」と称される中等教員養成の正系であった。その出身者は「有資格教員中の有資格教員」（中内・川合編　1970、p.85）として、教員社会に多大な影響力を有していた。また、近代学校制度の頂点にあった帝大も数多くの教員を輩出し、アカデミックな中等教員像を体現する存在であった（船寄　1998）。さらに、文検は高等教育を経ずに試験のみで免許が得られたルートのため、出身教員は自らを卑下する傾向もあったというが、その合格の難しさから博学で実力のある教員と評されることも多かった（佐藤　1988、寺﨑・「文検」研究会編1997）。

では、私学の養成機関に対しては一般的にいかなる評価がなされていたのか。例えば、西村（1967）は明治期の哲学館事件を事例に、私学の養成が文部省に教育内容まで厳しく統制された点を指摘した。また、国学院の養成の実態を検証した豊田（2005）の論考では、大正末から昭和初頭にかけて、私学の依拠した無試験検定制度が形骸化したとされる問題に触れている。[1] これらは、いずれも私学に対する国家からの厳しい見方を反映したもので、主に養成の制度的側面から浮かびあがったものといえる。一方で、養成機関の社会的評価は人的資源、すなわちいかなる者を吸収し輩出したかといった、人材の質に大きく左右されることはいうまでもない。

こう考えると、先述した高師、帝大、文検の評価も、入学競争の程度や免許取得の難易度といった、人材の選抜・選別の程度に強く依存していたものでもあった。天野（2007、p.282）によれば、戦前の「高等教育機関の間には、進学先としての『望ましさ』の度合いによる序列が、はっきりとした形で存在していた。そしてその序列は同時に、入学時の学力試験による選抜のきびしさの度合いの序列でもあった」。そして、「教育の過程で評価がきびしく公平に、また誰の目にもそれとわかる形で行われるほど、学歴の能力証明書としての信頼性は高くなる」(同右、p.230)。つまり、入学時に一定の基準に達した者のみを選抜する過程と、卒業時に規定を満たした一部の者のみに資格を付与する選別の過程は、競争が激化あるいは審査が厳格化するほど、教育機関の評価や信頼性は高まるといえる。

以上から、本章では入学時の選抜と卒業時の免許取得状況に焦点をあて、私学による中等教員養成がいかなる評価を得ていたのかを検証する。なお、多様な私学が中等教員を輩出していたことから、分析では、中等教員の養成を主目的として設置された高師部に対象をしぼりこみたい。また、本章は選抜・選別過程から養成機関の評価を検証しているが、本来それを測定する尺度は、建学の理念、養成の伝統、教育内容、出身教員の実績など多元的かつ複合的である。しかし、入学競争率など数値データに基づいて実証的に検討できる点は、本章の分析視角上のメリットということができる。

2. 私学高等師範部における入学時選抜

2.1. 私学高等師範部の入学競争率

まず、早稲田、日大、国学院、青山学院、東京物理、法政の六つの私学高師部における入学時選抜の程度を、統計的資料から確認しよう。私学高師部の入学志望者数が、公的な統計にあらわれるのは大正中期からである。

図2−1：私学高師部・東京高師入学志望者数の推移

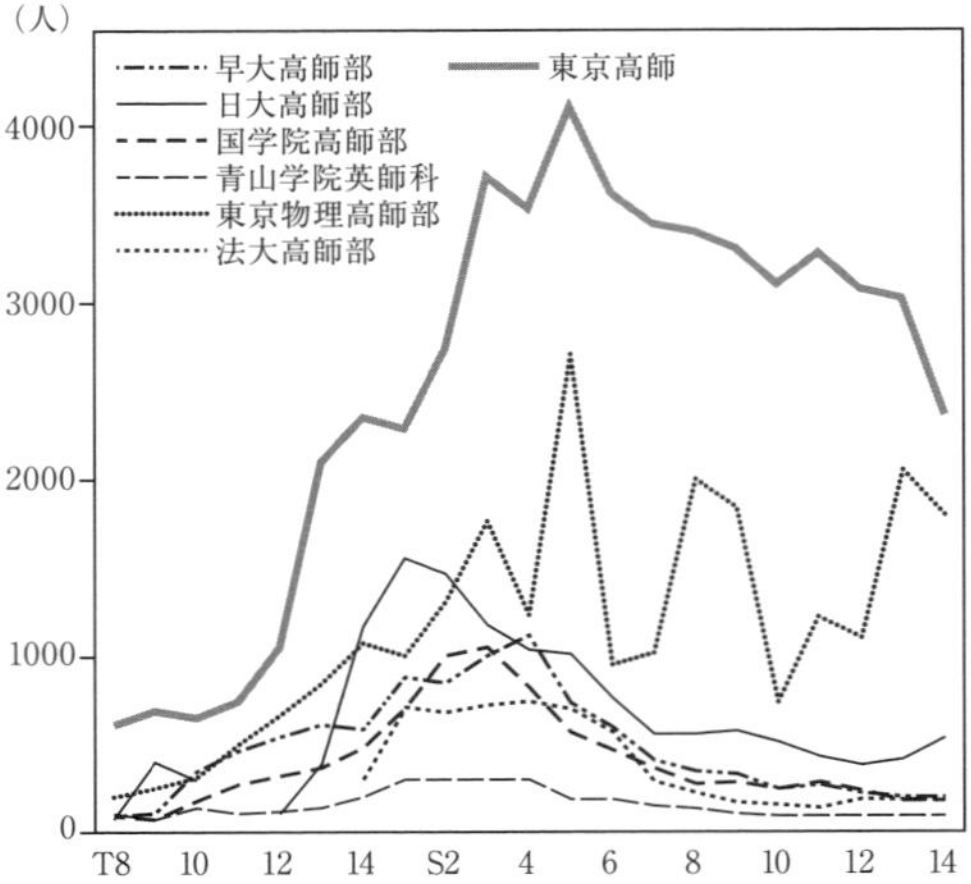

『東京府統計書』『文部省年報』各年度より作成。

図2−2：私学高師部・東京高師入学者数の推移

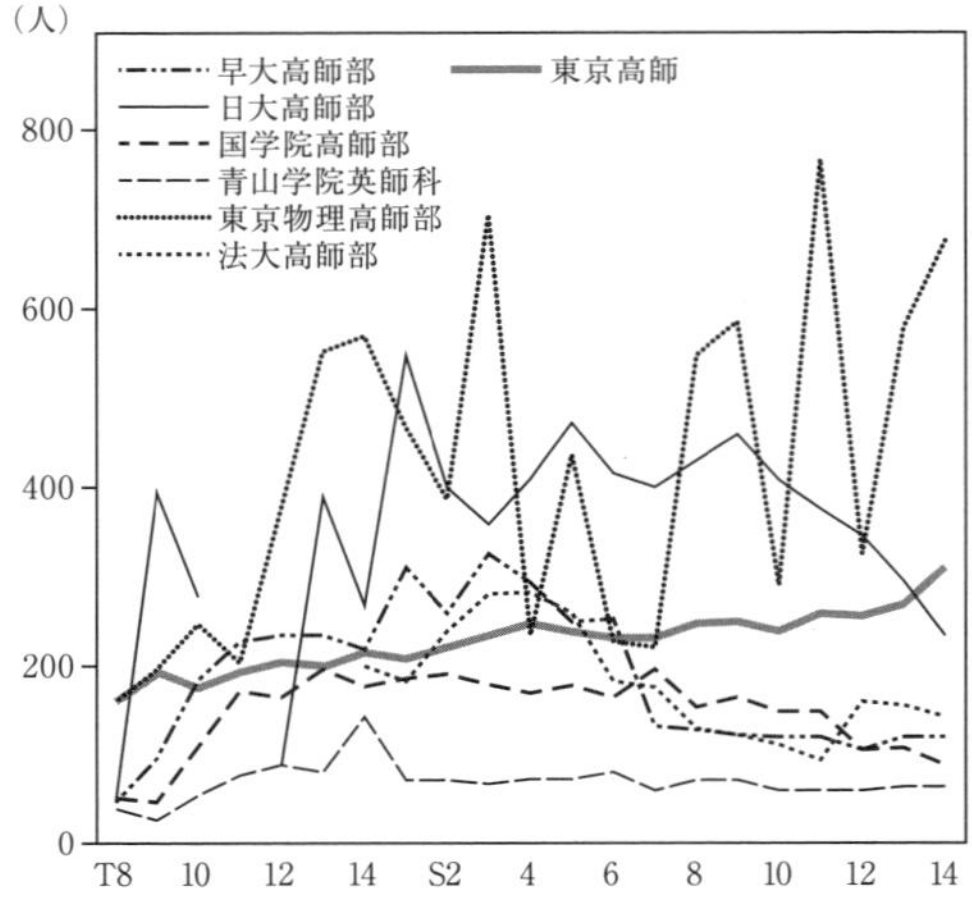

『東京府統計書』『文部省年報』各年度より作成。

それ以降の入学志望者数、入学者数（いずれも本科生のみ）を、比較のため官立の東京高師とあわせて示したのが図2−1、図2−2となる。

さて、私学の志望者は大正中期では限られており、その後、大正末期から昭和初頭にかけて急増する。この時期には早稲田、日大、東京物理などの高師部で、1000名を超える入学志望者が存在した。一方、東京高師は大正12年にはすでに1000名を上回り、昭和に入ると3000名を超える水準で推移している。ただし、東京高師の入学者数はそれに比例して増加せず、常に200〜300名程度に抑えられていた。

したがって、入学志望者数を実際の入学者で除した競争率（図2-3）は、私学の場合、大正後期で1～2倍程度でしかなく、選抜の程度が相当低かったことが分かる。その後、昭和初期には2～6倍になるが、東京高師は同時期に14～18倍ときわめて厳しい競争状況にあった。

図2-3：私学高師部・東京高師入学競争率の推移

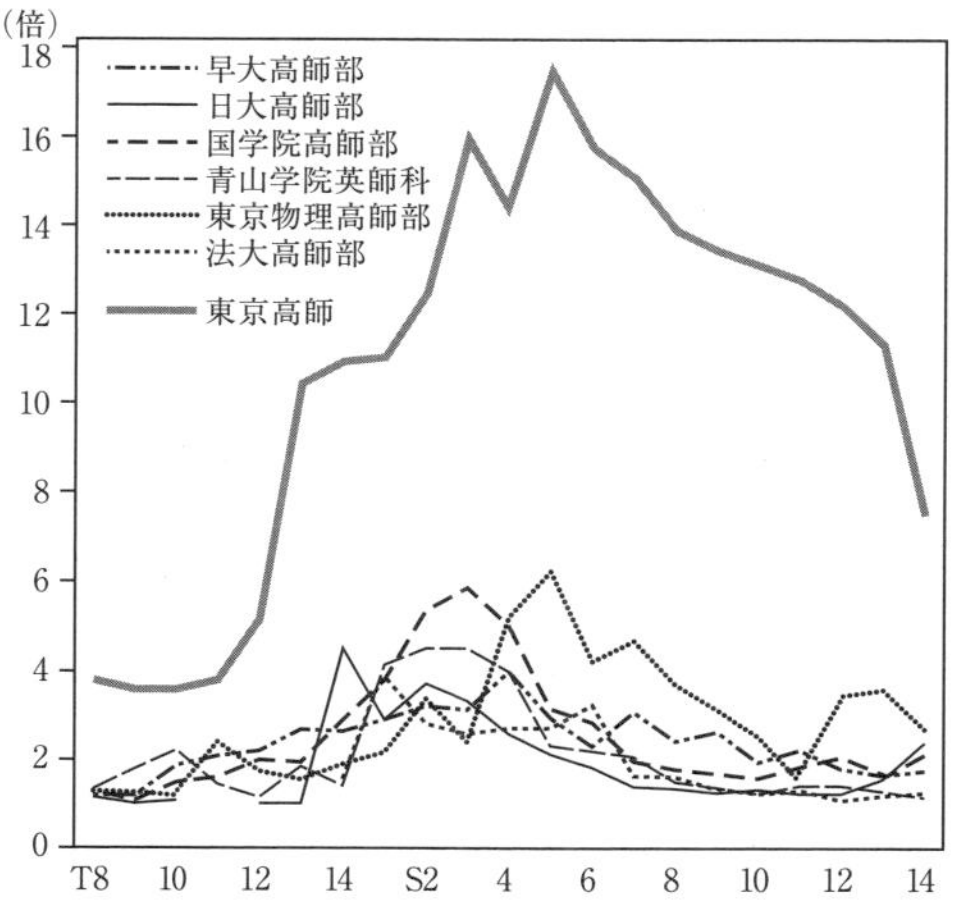

『東京府統計書』『文部省年報』各年度より作成。

2. 2. 入学時選抜の内実

そもそも山田（2002）によれば、大正中期まで官立高師の入学競争率は2～3倍程度であり、高等学校や官立専門学校よりも低評価であった。それが昭和期に倍率が急上昇し、難関校として位置づけられていくとされる。一方、私学の高等教育機関は全般的に、明治の後期でも受験の「無風地帯」（竹内　1991、p.80）であって、明治36年創設の早大高師部で入試が開始されるのは大正9年ごろとされる（早稲田大学大学史編集所編　1987、p.90）。大正6年に早大高師部英語科に無試験で入学した杉原千畝は、次のように回想している。

……外国語学校にでも入りたいのは山山であれど、何分にも受験界難関の一と称えらるるあの外語の激しい競争場裡で戦ふ準備などする勇気も出なかつた。其れよりも普通の中学出であれば許可するから来て呉れと門を先方から開いて歓迎するのんきな早稲田を、而もそこには近時中中立派な語学界の権威揃ひなるを忘れてはいけないといふので、英語科生となつた訳（杉原　1920、p. 52）。【大正6年早大高師部入学】

早大高師部でようやく入試が実施されるようになった大正10年でも、「呼ばれた順に試問室へ入って、ひとりきりの先生から面接試問をうける。僕は中学五年の英語教科書の一部を読まされただけ。たいがいの者が合格したのかも知れない」（中西　1980、p. 114）といった程度のものであった。大正15年の日大高師部受験生は「四人に一人位の率で、余り困難でもなかったので無事合格した」（納富　1976、pp. 12-13）と回顧するが、同時期の東京高師では「入試は激烈を極めた。何しろ一高、海兵と並んで天下の難関に数えられ、余程の秀才でないとパスできなかった。僕たちの文一甲は六名採用に対して一一九名の志願者があり、正に二〇名につき一人という割合」（石　1969、p. 70）【大正14年東京高師入学】であったという。よって、昭和期には以下の事例のように、競争の激しい官立高師の次善として、私学の高師部を選択した者もいたのである。

地歴が好きで社会科の先生になりたいと思っていたのだ。一番いいのは高等師範学校に行くのがいいのだが、到底行けそうにない。そこで学校案内で調べたら、東京の立正大学の夜間部の高等師範科に三年通えば免状が貰えることがわかった（竹光・清原　2000、pp. 45-46）。【昭和7年立正大高師科入学】

3．私学高等師範部における免許取得状況

3．1．無試験検定による免許審査過程

さて、私学高師部が位置づけられた無試験検定許可学校は、卒業時に免許取得に伴う選別があった[2]。私学は在学時の成績から免許候補者をしぼりこんで申請し、その上で文部省が免許付与を審査するため、官立高師とは異なり、卒業がそのまま教員免許の取得にはならなかった。私学出身者はこの審査をどのように受け止めていたのだろうか。

> 私も修身と教育の中等教員免状をもらったが、これはついに使わなかった。英語の免状も、大学では申請してくれたのだが、これは文部省の審査で削られてしまった。大学でも、中等教員免状の申請には、なかなか厳重の査定をしたが、文部省は、さらに、これに干渉し、大学からの申請通りには免状を出さなかったのである（石橋　1972、pp．265-266）。【明治40年早大文科卒[3]】

> 卒業を同じくした同級生の中には、教員免許状をとれない者が約半数もあり、免許状をとる者の中でも、国語科だけで漢文科の免許状をとれなかった者がその半数あった。それは、三年間を通じて各教科の点数が七十五点以上とれなければ免許状はとれないという、きびしい規則になっていたので、怠けた者はとれなかったのである（柴田　1978、p．26）。【昭和5年大正大高師科卒】

文部省の免許状交付の資格審査はきびしくて、在学中各教科の試験で六十点以下が一度でもあれば、免許状が交付されないと聞かされていたので、学生は平素の勉強に真剣であった。こうしたことに卒業迄の間に落伍者も何人かあったし又卒業のとき、卒業証書はもらったが文部省の免許状は交付されなかった者、交付されたが、歴史科か地理科の一科しか交付されなかった者、何名かいたことも事実だった（三上　1991、p.130）。

【昭和12年立正大高師部卒】

もちろん所属校によって違いがあったと思われるが、出身者の回想に広く共通しているのは免許審査が厳しく、一定の選別があったと指摘している点である。では、具体的な免許取得率はどの程度であったのだろうか。

3.2. 私学高等師範部の免許取得率

私学に限定した免許取得率と、その推移を確認できる公的な資料は、管見の限りみあたらない。しかし、豊田の複数の事例研究では、各私学発行の新聞雑誌記事等を抜粋し、無試験検定による卒業時の

表2：私学高師部の免許取得者数と免許取得率

	早大高師部			日大高師部			国学院高師部			東京物理高師部		
	卒業者数	免許取得者数	免許取得率	卒業者数	免許取得者数	免許取得率	卒業者数	免許取得者数	免許取得率	卒業者数	免許取得者数	免許取得率
M38	103	78	75.7%	59	21	35.6%	36	21	58.3%			−
M41			−			−	44	23	52.3%			−
T2	56	26	46.4%			−	63	18	28.6%			−
T5	48	21	43.8%	37	15	40.5%	35	11	31.4%			−
T9	49	44	89.8%	31	17	54.8%	29	22	75.9%	30	23	76.7%
T12	43	33	76.7%	92	83	90.2%	80	64	80.0%			−
S2	159	138	86.8%	355	344	96.9%	151	125	82.8%			−
S6			−			−			−	150	141	94.0%
S10			−	264	235	89.0%			−	190	171	90.0%
S14			−	181	163	90.1%			−	198	183	92.4%

豊田（2005, 2007, 2008, 2010）より作成。

免許取得率を提示している。そのうち、四つの私学高師部の数字を引用、あるいは一部を再計算して示したのが表2である。

すべての年度の値が判明していないので、経年比較には注意を要する。ただ全体的な傾向として、大正中期までは卒業生が少なく、また例外の年度はあるが、免許取得率はおおむね卒業生中の30~50%程度でしかない。ところが、昭和に入ると卒業生が大幅に増えるとともに、取得率が80~90%程度と、ほとんどが免許を得ているのである。すなわち、年を経るにつれ、卒業生の増加とともに免許の取得率が上昇していた傾向を把握できる。

確かに審査が厳しく、学校によっては卒業時に半数以下しか取得できない時期もあった。しかし、同じ教員検定制度でも、学校を経ずに試験のみで免許が得られた試験検定（文検）は、一回の試験では合格が困難とされ、戦前期を通じて10%前後の合格率でしかなかった（佐藤 １９８８、寺﨑・「文検」研究会編 １９９７）[4]。よって中等教員免許を得るために、文検をあきらめて、無試験検定の私学に進学した次のような事例がいくつもみられるのである。

> 中等教員の検定試験をとねらつて一意勉強は続けて居たが、様子の知れるに随つて、国語漢文といふ科目は、その範囲の広い所から、そして又新しい研究法をもって研究しなければ駄目らしい所から、とても独習ぐらゐではおつつかないものだといふ事が分つて来た。折柄早稲田の専門学校文学部も此頃は中等教員の免状を出す事になつてゐると聞いたので、私は今一度早稲田の学生にならう、それが一番たやすい路らしいからと思ひ立つた（窪田 １９６６、p.３３３）。【明治37年東京専門学校文科卒】

その頃私自身も自己の向上のために中等教員になろうとの志を立て、当時盛んであった文検を試みようと決意しました。……二年目の後半から将来のことも考えて日東史に転換し、再びその方面への勉学に没頭しました。進むにつれて難解な仏語をはじめ、深遠な東洋哲理の壁にぶつかるや、到底自力でこの関門を突破することは出来ないことを知り、苦悶の末どんな大学でもよい、一つ上京してこの難門を切り拓いてみようとひそかに決心しました（山口　1967、pp. 9-10）。【昭和4年大正大高師科卒】

岸上君は「数学の文検（文部省検定試験で、これに合格すると、中等教員の資格が得られる）を受けるのだ」と言って、教育学や心理学の本をそっちのけに、数学の本ばかり読んでいた。僕は彼に刺激されて、地理の本を買いはじめたが、文検受験雑誌を読んで、文検は容易でないことを知った。……当時、女子師範学校に、原田清という地理の先生がいて、僕に立正大学へ行くことを勧めた。先生は立正大学出身であった（松野　1979、p. 29）。【昭和10年立正大高師科卒】

学校を経由しない文検は、内容が広範囲で勉強方法に試行錯誤しがちである。その上、独学の特質として学習にフィードバックがなく、学習継続のための徹底した自己管理を要する（竹内　1997、pp. 161-162）。大正末以降に免許取得率が上昇する私学は、入学時の選抜が官立高師に比べ容易であったと同時に、免許審査でも選別が緩やかで、文検の代替的な手段としても大きな魅力をもっていたといえる。

4. 私学高等師範部に対する社会的評価

4. 1. 大正期の私学高等師範部に対する評価

以上、私学高等師範部における入学時の選抜と、卒業時の免許取得過程を確認してきた。では、こうした状況に基づいて、私学高等師範部はいかに評価されていたのだろうか。大正3年の進学案内『中学卒業就学顧問』では、次のように紹介されている。

> 中等学校教員たるの道は前述諸官立学校の外に、私立大学の師範科がある。これは入学が容易である代りに、首尾よく学校は卒業しても中等教員たる免許状を附与さるゝや否やは、その卒業成績の如何に依つて、文部省が決定する事になつて居るから、卒業してその目的たる免許状が附与さるればいゝが、附与されぬ場合には困るのである。……勿論いづれの学校にしても、在学中懸命に勉強さへするならば免許を貰ふ事ぐらゐ左程困難な業ではないのであるが、唯、無試験で入学するところであるから、学生に屑が多い。脳《ママ》力学力ともに劣等の学生が少なくない。従つて卒業生数の割にしては免許を附典される数が極めて少なく見えるのである。これも止むを得ぬ自然の数で、今後、かうした方面に進まうとする人は余程自分の脳《ママ》力を考へねばならぬ事である（実業之日本社編　1914、pp. 176-177）。

つまり、無試験入学によって「劣等の学生」を数多く受け入れており、そのため卒業時に免許を取得できる者が少ないと批評している。そして、中等教員志望で私学に進もうとする者に一考を促しているのである。確かに先にみたように、入学時の選抜は大正中期までほとんどなく、私学高師部の免許取得率もやや低かった。このように、入学時選抜の容易さが教員免許取得率の低さにつながっているとみなされており、養成機関としての評価は低調であったといえよう。

ただ、その後、中等教員を取り巻く社会的状況が変化していく。大正後期以降の中等教育の拡張、教員需要の増大で、「私立大学や専門学校は機到れりとばかりに、はちきれる程の生徒を収容するし、此の機に投ずるべく新しい学校も続々と設立せられるし、相競ふて教員の濫造にと着手したのであつた」（立仙 1931、p.39）。昭和初期には立正や法政、駒沢といった私学が高師部を設置した結果、序章でみたようにその卒業生の合計は東京、広島の高師を大幅に上回るようになる（図序-4）。平行して、同時期の高師部無試験検定の合格率は上昇し（表2）、大正末期からは卒業生の8～9割が免許を得られるようになっていた[5]。

4.2. 昭和初期の私学高等師範部に対する評価

このように無試験検定許可学校が増加した影響もあってか、大正末には、私学からの免許申請書類で、「好い加減な成績表を添附して来るものなどがあり文部当局は厳重取締るべく近く各私立学校に対し警告の意味の通牒を発するといふ」（『教育時論』大正15年10月5日、p.44）と[6]、「無試験検定制度の『形骸化』」（豊田 2005、p.279）が指摘されるようになる。つまり、私学側の免許申請時における選別の杜撰さが問題視されたのである。そして、昭和に入るとそれまで好調であった教員需要が急速に冷え込み、「無試験、文検を通じて資格者が一万人を越すがそのうち就職するものは三割程」（「中等教員の就職難時代来る」『教育週報』昭和5年2月1日、7面）という状況も生まれる。無試験検定による免許取得者の増大は、教員需要を大幅に超える有資格者を輩出することになったのである。

さらに、昭和7年には「最近の中等教員の素質の低下したことは一般の定評で文部省が余りに粗製濫造に過ぎた為だといはれてゐる」(『読売新聞』昭和7年11月9日、朝刊7面)と報じられている。すなわち、豊田(2005)のいうように、免許取得時の選別がルーズな無試験検定の拡大は、教員の質の低下という危機感に水路づけられてい

図2-4：文部省学力試験が実施された無試験検定許可学校に対する風刺

加藤悦郎「文部省のインチキ征伐」『読売新聞』昭和7年11月14日，夕刊5面。
注：解説には「卵の検査甚だ結構。—だが、ついでに、品質不良の卵をヤタラに産み落す既製インチキ教師の手入れも、是非やつて貰ひ度い」とある。

ったのである。こうした背景から、同年に文部省は私学を対象に、学力検査のための臨時試験を実施している[7]。**図2-4**はこのときの無試験検定許可学校、すなわち私学に対する風刺画である。その解説に「品質不良の卵をヤタラに産み落す」とあるが、私学が学内の資格申請審査で緩慢な選別しか行わず、文部省の干渉を受けざるを得なかったことを皮肉っている。とはいえ、その後も私学の高師部は9割程度の高い免許取得率を維持していたのである。

この時期の『中等教員検定試験受験案内』（昭和15年）では、私学高師部について以下のように紹介されていた。

高等師範学校には入れないが、中等教員にはなりたい。中等教員の資格さへ持つて居つたら、立派に所謂運動して中等教員になつて見せるといふ自信のある人が全国では相当にある。然し「検定試験……も困難だから、何とかして中等教員の無試験検定を得られる学校に入り度い」と希ふ人々の為にあるのが、この無試験検定許可の学校である。

……之は具体的に云へば、私立大学にある専門学校令の高等師範部乃至は高等師範科などは、この適例と看るべきであらう（『受験と学生』編集部編　１９４０、p.１２５）。

つまり、官立高師よりも入学が容易で、文検に比べて免許取得がたやすい私学の高師部は、教員資格を得る上で格好の学校であると評されている[8]。しかしながら、同時期には無試験検定制度とその出身者に対して、学者からの批判もみられるようになっている。例えば、教育学者の阿部重孝は昭和7年の論考で、「近時非常の勢を以て増加しつゝある無試験検定合格者が、果して凡て教員に適するや否やは大なる疑問である」とし、「今日殆ど無制限に無試験検定を行ふことの適否も亦疑問とすべきである」と指摘している（阿部　1937、p. 375）。早大高師部の教員であった原田実でさえ、有為な人材も多いとしながら、「私達の関係してゐる方面から見ても、新卒業生が皆が皆優秀な人物だとは言へない」（原田　1941、p. 63）と、能力に問題を抱える学生が一部にいたことを認めていた。こうした教員免許取得の容易さと輩出する教員の能力問題は、私学の養成機関に対する表裏の評価として、この時期にはおおよそ確立していたと考えられる。

5. まとめ

本章では、入学時の選抜と卒業時の免許取得状況という限られた領域ではあるが、私学における中等教員養成機関に対する評価について検証してきた。結果を概観しつつ、若干の考察を加えておきたい。

大正中期頃まで、私学高師部は入学時の選抜度が低いために学生の能力が劣るとされ、その結果として、免許取得率が低調であるとみなされていた。大正後期以降、教員需要の拡大で高師部の入学時選抜はやや厳しくなる一方、免許取得率が上昇し、8～9割の卒業生が免許を取得できるようになった。ただし、この時期から私学側の免許申請過程が問題視され、教員が過剰になる昭和初頭でも大量の有資格者を輩出し続けた私学は、「粗製濫造」と批判の的になっていた。寺崎（1983、p. 351）が私学を供給の「一安全弁」と称したように、確かに教員払底期には、有資格教員の供給に重要な貢献をなしたといえる。しかし、逆に教員余剰期には私学が大量輩出した有資格者の能力に対して、とくに厳しい見方がなされた。私学に対する評価傾向は、教員需給関係の変化という社会的文脈に左右される側面のあったことが窺い知れる。

その後の昭和初期でも、私学の養成機関は高師や文検に比べて入学時の選抜、免許取得の選別が緩やかで、免許取得が容易なルートと評されていた。しかし、緩慢な選抜・選別過程は課題視され続け、私学で養成された教員の能力を懐疑的にとらえる評価が常に付きまとっていたものと推測された(9)。

天野（1992、p. 245）によれば、「中等教員は、学校という組織のなかの職業で」「官僚に準じた世界」であるから、「否応なしに学歴を意識せざるをえない、学歴がものをいう世界である」。並立する養成ルートのなかで、学歴エリートの帝大、養成の正系であった高師はそれぞれ矜持を得やすかった。一方、私学をおえることで得られる教員資格は、その出身者に対して、傍系としての自らの位置を強く内面化させ、出身教員のキャリアやアイデンティティーを方向づける一因になった可能性がある。この点については、次章以降、出身教員のキャリアや教師像の分析のなかで検証していきたい。

〈注〉

（1）無試験検定制度の形骸化とは、大正末頃に、許可学校側が文部省に免許申請者の書類を提出する際、履歴書のごまかし、成績の水増しがあったとされる問題である（豊田　2005）。

（2）一方で、第1章でみたとおり、無試験検定には指定学校もあったが、これは原則として官立学校が対象であった。ただ、後に大正7年の大学令に基づいて昇格した私立大学もこれに含まれる。

（3）当時、早大文科は専門学校の位置にあり、無試験検定許可学校であった。

（4）例えば、山本有三『波』（昭和4年）では、主人公である小学校教員が文検を受験した際の状況について、以下のように描かれている。「試験は今度で三度めだった。今度だめだったら、彼はもう、あきらめようと思っていた。……試験の日がきた。予備試験は、うまく通った。本試験も、たいていうまく行ったような気がするが、一題あやふやなのがあって、心配だった。学校の卒業試験ならば、無論、大丈夫だが、検定試験では、少しでも怪しいものがあると、通過は困難だった。金もちのおぼっちゃんが、ほとんど遊び半分にかよっている学校では点があまくて、高等の学校に入学できなかった、むしろ同情されるべき立ち場にある人たちのほうが、かえって厳格に採点される、というのは、じつに、妙な話である。しかし、それが現在の実状だった」（山本　1954、p.279）。

（5）大正中期の臨時教育会議では、公私立学校からも多数の有資格教員を確保すべく、無試験検定の審査に最大限の譲歩がなされたと指摘されている（中内・川合編　1970、p.111）。この点が無試験検定の合格率の上昇に影響を及ぼした可能性もあろう。

（6）昭和2年には無試験検定の許可規定が改訂され、新たに申請する学校に対して、より具体的・実践的な要件を求めるようになったが（大谷　2002、pp.3-5）、こうした審査の厳格化は本問題と無関係ではないと推測される。

（7）例えば、男子「国語科」の試験対象となった9校はいずれも私学で、東京では国学院、大正、早稲田、日大、法政、立正の各高師部と東洋大専門部で実施された（『読売新聞』昭和7年11月9日、朝刊7面）。試験実施の経緯は豊田（2005）に詳しいが、文部省はこの試験によって、無試験検定の取消までは想定していなかったとされる。

(8)ただ、私学のなかには、在学時の進級が困難で、卒業までに大部分が落第するというような、学校内部での選別を強化していた東京物理学校のような例もあった。例えば、昭和期のある出身者は、学内での厳しい選別について、次のように述べている。「……期末試験で欠点をとるか、平均点が六〇点に足りないと、落第になる。学校が厳格にこれを守っていることは体験を通してよく分かっていた。二年生に進むときには六、七人に一人ぐらいの割合で進級した。二年生になるときには二〇パーセントくらいのものが落第した。……発表された卒業成績をみて、〝まず、よかった〟と思った。それほど、卒業成績はよくなかった。二〇パーセント以上の友だちが落第した。……学校の卒業アルバムには、一ページ八人ずつ個人写真を載せているが、どのページにも落第者が一名はいる。そのほとんどの者が、卒業後の就職先が決まっていたのに、である」(富永　1991、pp. 35-36)。【昭和15年東京物理卒】

(9)とはいうものの、「各学校が夫れ〳〵の歴史と、特色と、縁故とを有するが故に、従来比較的容易に歓迎もされ、又其の社会的評価の見るべきものも少くはなかつた」(立仙　1931、p. 15)と、積極的に私学高師部を評価する向きもあった。本章では選抜・選別過程に注目した結果、養成カリキュラムなどの内部過程に目配りできなかったが、私学は独自の建学の理念、教育の伝統等があり、それが養成の特質と社会的な評価に反映された可能性もある。

第3章

私学出身者の中等教員就職過程とその変容

1．はじめに

教員養成機関としての私学をおえた者は、いかにして中等教員としてのキャリアをスタートさせたのだろうか。また、その特徴はどのような点にあるのか。本章では、戦前期における私学出身者の中等教員就職過程とその変容について検証を行う。

私学の検討に入る前に、まず、高師出身者の最初の勤務校がどのように決定されていたのかを確認しておこう。『全国官費公費貸費学校入学指針』（昭和3年）では、経済的障壁のある生徒に対して、国が授業料を免除したり、学資を貸与したりするような上級学校を紹介している。これら学校の「卒業後の特典」として、以下のように記されている。

官費公費の学校の卒業者は、就職上の心配が無いと云ふ一つの特典がある。言ふ迄もなく卒業者には義務年限を附して、卒業後直ちに一定の職務に就かしめるので、自分で就職先を捜すなどのことは絶対に無い、既に卒業前から就く可き職務がチヤンと待つてゐる。之は他の一般学校に比して趣を異にしてゐる点で、凡そ官費学校卒業者で就職難に悩んだと言ふことを聞か無い（箕輪編　1928、p.7）。

その事例校として、最初に紹介されているのが高師である。高師は完全な給費制ではなかったけれども、原則授業料を徴収しない学校であった（山田　2002、p.46）。それと引き替えに、一定期間の教員への奉職が義務づけられており、卒業後直ちに中等教員として就職できた（同右、pp.152-153）。そして、最初の勤務校の決定には、在校時の成績が影響していたという。例えば、広島高師の卒業生に対して、その適任校の指定は中学校を基本とし、それに在学時の成績のよい者には師範学校、成績の悪い者には高等女学校、実業学校が加えられるという形式であった（片岡・山崎編　１９９０、p.１６０）。

また、東京高師英語科の教員であった青木常雄【明治43年東京高師卒】は、卒業生の配当に関して、「配当会議」なるものがあったと明かし、以下のように回顧している。

> 高師の生徒は、国家から多少学資の援助を受けているから、といって、卒業直後２か年間は、文部省の指定する学校に勤務せねばならなかった。
>
> 新卒業生の出る２か月ぐらい前に、配当会議というのが２回ある。第１回は、幹事２人と英語科のスタッフとが集まって、卒業予定者の人物・学業・スポーツ・その他思いつくままに、語り合う。第２回は、幹事は求人申込の学校名の表を持って出席、英語科の者は、それぞれの学校へ誰を配当すべきかについて意見を述べる。私がいちばん地方の学校の実状を知っていたのと、学校長もpersonallyに知っていたため、しぜん発言もいちばん多かった（青木　１９７０、p.92）。

このように、高師の場合、最初の勤務校については、原則として学校側や文部省が決定するものであった。ある出身者によれば、「卒業すると香川師範教諭に任命された。この時の任命も文部省と学校と合意の上でやるので本人は関係なかった」（石畑　１９７２、p.３４３）【明治42年東京高師卒】、「昭和三年三月、私は東京高師を卒業し、静岡中学校の教諭となった。何の運動もしなかったが文部省で就職先をきめてくれた。今日の学生に比べると申し訳ないと思う」(大澤　1986、p.15)【昭和3年東京高師卒】。また、昭和初期の中等教員就職指南書は、次のようにいう。「王国(引用者注：高師)を出たお陰で、学校へ一任しておけば、大抵はそれ相当の途は開けて来るであらう。……他の私立学校出が在学中から血眼になつて狂奔してゐる有様を、涼しい顔して眺めて居られるといふところに、流石に王国だけのことはある」(立仙　1931、p.44)。つまり、私学の場合はそうした特典などなかった。私学出身者が免許を得て中等学校をめざす場合、就職活動を行う必要があった。では、その活動とは具体的にどのようなものであったのだろうか。

2. 私学出身者の中等教員就職過程

2. 1. 教員による紹介・斡旋

基本的に私学の卒業生が中等学校に就職する場合、大きく分類してその活動には三つのタイプが存在していたと考えられる。それぞれについて、教員経験者の回想からみていこう。最初に、所属校の教員が介在し、勤務先を紹介・斡旋したケースである。

新進の片上伸先生はクラス担任のような立場で学生一人ひとりを親切によく世話してくださった。一九一四年七月、卒業式の夜神楽坂の料亭でクラスのお別れパーティが開かれた。……わたしは何の芸もないけれど、真面目に勉強だけはしていたので、片上さんはその席で、ある新潟県立中学に英語教師として行かない

かと奨めてくださった（多田　1991、p. 4）。【大正3年早大文卒】

——国学院の二年の時に一年の折口先生の講義を聞かれて、卒業までずっと折口先生の近くに。

ええ、卒業まで。就職の世話までして貰いました。大阪の市岡中学に行けと。私は民俗の採集をするため、田舎の学校へ行きたいと思うてましたので、考えさして下さいと言いましたら、あんたのお父さんのことも思うて世話をするのに、考えるなんて、と叱られました（松本ほか編著　1973、p. 96）。【大正10年国学院国文科卒】

卒業が近づくにしたがって、すでに結婚していた私には、何よりもまず就職ということが気になっていた。
……

「就職はどうなったね」
と、先生から改まって質ねられた時は嬉しかった。察するに川西氏から、あらかじめ私のことを聞いて居られたものらしい。……

永井先生はこゝで私の就職先についても心配を見て下さることになり、早速牛込で成女高等女学校を経営している、学友の宮田脩校長へ宛てゝ紹介状を下さった。私はかねてから東京にとゞまって、女子教育に従事したい考えを持っていたので、このことをお話すると、それではということで、紹介して下さったのだった（中谷　1969、pp. 19-20）。【昭和4年早大高師部卒】

所属校の教員が就職を紹介・斡旋する際、知人の学校関係者や同窓教員など、自らの人脈を広く活用するものであった。とくに戦前には「就職教授」という、指導学生いかんにかかわらず、学生の就職を精力的に世話した教員がいたとされる（稲垣　2011、p. 252）。次の回想は同一の教員について、別々の教え子が記したものであるが、「就職教授」の典型ということができる。

先生は当時から、ご交際が広く、各方面のポストの欠員情報をキャッチできるようでありました。そして持ち前の世話好きで、職域の責任範囲を超えて多くの友人、教え子、後輩の方々を、適材適所にはめこむお世話をしたのであります。これが成功のためには、本務の忙しい時間をさいて電話により、自らの足により、あるいは手紙により、身銭を切って積極的にお世話をしたのであります。先生が存命中に、就職のお世話をした件数は、おそらく、百を単位として数える程であったろうと思います（大森　1981、p. 65）。【昭和8年東京物理卒】

昭和十四年十月、私は長野県立上田中学の教諭になった。その年の夏休みに、当時別所温泉に、奥さまとご滞在なさっていた先生に伴われて校長甲田作衛先生を訪ねた。親につき添われて試験場に行く小学生を見受けるが似たようなものである。先生と行を共にしたのはこの時がはじめてで、ご親切に感動したものである。面接はまことに簡単で直ぐに採用が定った。お二人の先生は私を傍にして、四方山話しをなさっていた。私は全く喋ることなく会見を終った。いかにも和やかな信頼し合った知己同志という感じで、本当に、はたで聞いていてよいものであった（安田　1981、p. 340）。[1]【昭和14年東京物理卒】

このように、自らのネットワークによって中等教員の空きを察知し、それを卒業生に配分する役割を一部の教員が担っていた。学生たちはそうした人脈や人望をもつ教員との関係から紹介・斡旋を得て、就職が決まることも多かったといえる。

2. 2. 学校の仲介

一方、これとは別に、在籍していた学校が卒業前に仲介して就職が決まる場合もあった。教員による紹介・斡旋が教員個人の人脈や人格に強く依存していたのに対し、このケースは、大学が制度的、事務的に中等学校との間を仲介したものといえる。例えば、以下のような事例が該当しよう。

……成績発表の無いうちに母校の中学から一寸来いを食った。お前の学校から成績の順位を附けて推薦して来て居る、欠員が有るから使って遣ろうと云うのである。学生の数も少かったからでもあろうし、又大いに就職口を開拓する必要も有った時代ではあろうが、思い掛けぬ学校の親切に却って面食った形であった（岩本 2009、pp. 130-131）。【明治37年東京専門学校文科卒】

学校の学務科から呼ばれ、いやいやながら行ったら、砂崎とかいふ校長が来てゐる。面接するやうにといはれた。聞いてみると、今春の卒業者の中から職員をひとり採用したいためとのこと。五人選ばれて四人はすでに昨日面接が終ったといふ。

会ってみると、眼鏡をかけた五十歳すぎと思はれる人。いろいろきかれた。

「成績は？」ときかれ、八十四点と答へ、俸給はどの位欲しいかの問ひにいくらでもよいと答へた。すると九十円から九十五円ですと教へてくれた。「申し込みがこの通り多くて」といってその履歴書を見せられた。そして、今すぐここで返答をしてもいいが明日学校から返答する、といひ、学校のある場所、その他いろいろ教へてくれた。

就職決定!!と直感した（宇佐見編　1986、p.69)。【大正14年国学院高師部卒】

また、ある早大出身者による就職活動日記では、大学からの推薦にはじまり、採用に至るまでの経緯が記されている。少し長くなるが、引用しよう。

三月二十七日　本年度国漢科卒業生中野球指導の出来る者一名を推薦するようとの依頼があつた由で、箕島商業学校吉原校長（明治四十一年早大商学部御卒業）へ御推薦を受けた。
同二十九日　吉原校長に面会の為め東京を立つ。
四月一日　校長にお目に掛り帰京。
同二十八日　校長からの招電で和歌山県学務部長に面会の為め再び任地に行く。（以後大阪の親戚の家に在つて採否全く不明で不安焦燥の約十日間を過す）
五月八日　愈々採用決定さるゝものと思つて吉原校長の許を再び訪ねたが、学務部長が自分との面会を忌避される傾向が見えたので、止むなく一切の交渉を校長にお任せして上京。（上京後上井、末安両先生に相談の結果、当分静観せよとのことになつたので帰郷。以来、八月下旬迄再び不安の日をすごす。その間吉原先生に忘れられてはとの心使ひから、何とか機会を見付けたり造つたりして絶えず音信を続けてはゐたが、前途は頗る暗く家人に気まづい思ひをさせ、憂鬱に襲はれた事も幾度で気の抜けた生活を味つた。斯うして夏もいつの間にか終りに近づいた。）

八月二十五日　突然吉原先生から「県ニテ面会ノ上トノ事直グオ出アレ」の電報を頂いた。

同二十七日　和歌山県庁に学務部長をお訪ねすると出張中とのことで、学務課長にお目に掛る。……

九月四日　愈々学務部長との面会日が来た（秋鹿　１９３４、pp.１８６-１８７）。【昭和９年早大高師部卒】

この事例は、中等学校長による大学への推薦依頼が契機となり、就職決定に至ったものである。母校出身校長の意向で推薦がきたものと思われるが、県学務部長の承認を得る段階で苦心している。いずれにせよ、当時から私学は卒業生のリストを中等学校に送付する、あるいは中等学校からの求人の窓口となるなど、就職の仲介を行っていた。なかには教職関係の就職を専門的に扱う部署を設ける大学も出てくる。例えば、早稲田では人事課のなかに、教員就職の斡旋に特化した教職係が大正15年に設置された（『早稲田大学新聞』第１０３号、大正15年９月16日、３面）。教員就職仲介の制度化により、教員のポストを効率的に卒業生へ配分しようとする試みが、この時期からなされていたのである。

2.3. 自己開拓

さて、もう一つのタイプは教員や学校を介さずに、自らの活動で勤務校が決定したものである。

帰りの汽車の中で、大学の上井磯吉教授が英語の授業中、

「君たちは、もうすぐ卒業だから、今度の冬休に、ぜひ出身中学に行って、校長先生に就職のお世話をお願いしておきなさい。」と云われたことを思い出した。そこで、おくればせながら羽犬塚の駅に降りると、母校にかけつけた。……

校長室で、はじめてお目にかかった、白土千秋先生は、黒の背広を着た小柄の方で、顎ひげが真白で長く、まるで仙人みたいである。就職のお世話をお願いすると、

「君、運動は何ができる？」とおっしゃる。

「何もやりません。ただ水泳なら一寸できます。」

と申し上げると、

「そうか、履歴書に必ず特技水泳と書いて持って来給え。心臓強くいかんと今時、就職できんぞ。」

とはっぱをかけられた。下手な字で二通の履歴書を認めて、早速郵送申し上げた。

それから——三日たった八月の二十日、先生から葉書が来た。「今日宇和島中学の菊池校長から、君の人物・成績などを問い合せて来た。推薦して返事を今出した所です。多分、ここに決るでしょう。」との文面であった（森　1978、pp. 142-143）。【昭和3年早大高師部卒】

法政大学を卒へし翌昭和六年の一月、青森県教育課より、「七戸実科高等女学校教頭に就任の意志ありや。」との便りあり。こはかねて関県視学を通じて郷県に帰任の依頼をなし居りし結果にしてまことに朗報、父母の喜ぶこと限りなし（今井　1972、p. 93）。【昭和6年法大高師部卒】

僕は、夏休み頃から就職運動をはじめた。出来るだけの知人や縁故を訪ねた。しかし望みは薄かった。友達が僕が履歴書を毛筆で書くことを練習しているのを見て、「君！もう履歴書を書くのか」と驚いていた。明けて二月に、めし子姉の夫、治一兄の関係で、兵庫県尼崎市に有力な縁故がみつかり、そこへ就職試験に行った。

人事係の人が、一束の履歴書を手にして「これは全部全甲の者です。君には乙が一つあるが、どうしましたか」と言ったので、採用になるかどうか心配であった。……

〝忘れもしない〟昭和十年二月二十日、めし子姉から電報か来た。「就職決定」である。

七十人余りの同級生の中で、トップをきって就職したのであった。

僕は尼崎の中外商業学校の教員となったのである（松野　1979、p. 34）。【昭和10年立正大高師部卒】

このように、学校を経由しない自己開拓の活動といっても、まったくの手蔓なしに採用を勝ち得ることは困難であったと思われる。彼らの活動は、主に親・親戚といった血縁、出身中学の恩師といった縁故を通じていたことが分かる。つまり、高等教育に入学する以前に形づくられていた、故郷における社会関係に頼ることが多かったと推測される。

3. 中等教員就職状況と初任給の変遷

3. 1. 明治後期の就職状況と初任給

以上、私学出身者における中等教員への就職活動について、大きく三つのタイプに分類し、事例を概観してきた。しかし、その活動のあり方は、当然ながら時代や社会状況に制約を受けたはずである。ここでは、初任給の変化とあわせて、私学出身者の就職状況の変遷についてみていこう。

私学が有資格中等教員を輩出しはじめる明治後期の就職事情について、歌人で国文学者の窪田空穂は、以下のように回想している。

> 中等教員の免許状のある以上、それを利用して、東京で席を捜すという事が、第一に考えられるべき事である。悲しいかな、我々東京専門学校出の者に、そうした席がこの東京にあろうとは、てんで考えられなかったのである。
>
> 先ず官立公立の中学女学校は、高等師範閥の牢固たるものがあって、それによって占めつくされている。もし余地があるとすれば帝大系の者が埋めてしまっている。我々はそれに近寄る事すら出来ない（窪田 1998、p. 155）。【明治37年東京専門学校文科卒】

つまり、東京の中等教員のポストは高師、帝大系に占められており、職を得るのが困難であったとのことである。この点は「東京では、ほとんど、その口はなかったが、英語の教員の免状のあるもので、地方に行けば、初任給四十円ぐらいにはなったであろう」（石橋　1972、p.265）という、石橋湛山【明治40年早大文科卒】の回想にも共通している。ただ、逆にいえば、地方では教員の口があったということになる。窪田も同様にいう。「（引用者注：文科）卒業生はほとんど全部教員となった。手蔓があってのことである。大部分は地方で、月給四十円、あるいはそれ以上であった」（窪田　1999、p.90）。つまり、おおよそこの時期は、地方に赴けば40円程度で職を得ることができたものと推測される。(2)

3.2. 大正期の就職状況と初任給

こうした状況が大きく変化するのは大正期に入ってからである。この時期は中等学校進学者の増加、中等教育機関の増大に伴って、有資格教員の確保が政策課題となり（中内・川合編　1970、p.109）、教員需要が急速に高まった。大正後期には、中等教員の供給が追いつかない状況になり、私学出身者が職を得るのに労を要しない状勢となっていく。(3) 当時を早大新聞は以下のように伝えている。

中等学《ママ》員の不足の声が大きければ大きい程喜色を浮かべるのが吾高等師範部である。去年は田舎の中学校の申込殺到に、断りを云ふのに一生懸命首をひねつたと云ふが敢て係員の誇張ではないらしい、今年も鼻息の荒いこと驚くばかり既に遠くは台湾中学から、近くは青森県を始め近県数ケ所から申し込みがある。国漢科五十四名、英語科五〇名都合一百四名が、無造作に高給で以て歓迎されて行くであらう、この好景気、将に羨むべきであらう（『早稲田大学新聞』第51号、大正13年11月26日、3面）。

日大でも、「高等師範部は各府県中等学校続出の為めに教員の不足からやつぱり飛ぶ様に売れて行く」（『日本大学新聞』第51号、大正13年12月20日、3面）という状況であった。同時期の私学卒業生は、就職当時を次のように振り返っている。

大正十一年、長男が生まれることになり、中等教員の免許状も下付になったので、最初の方針通り山形県の米沢中学校に赴任することになった。ちょうど中橋文相が中等学校や専門学校を増設して、どこの県でも教員が不足しておった時代で、教員はひっぱり凧だった。月給は百円で、住宅の官舎もあった。東京時代よりは生活には充分の余裕があった（高木　1979、p. 234）。【大正11年早大高師部卒】

今から思ふとあの頃は初任給も高かつた。学校を出て、何の経験もないのに、六級俸を給与された。その後俸給令が改正されたから六級俸がいくらかは知らないが、当時は百円だつた。当時贅沢さへしなければ東京の学生々活は五、六十円で一ヶ月がすごせた。物価も安かつた。それが房州の田舎へ赴任して見ると、下宿代が二十円で、毎日うまい魚がふんだんに食べられ牛乳は思ふ存分飲めた。下宿代の二十円を差引いて八十円は丸々の小使ひであるから生活は楽であつた。……私などの学校を出た頃は――大正の大震災の年――他の社会はどうであつたか知らないが、中等学校の口なら随分あつた様だ。だから就職活動などといふことは全然なく、辞を低うして迎へに来るのを待つといつた贅沢な時代だつた。そして何の彼のと都合のよい条件をつけて赴任していつた（伊藤　1942、pp. 116-117）。【大正12年国学院高師部卒】

中学の学友海野君は昨春国学院を卒へ北海道札幌二中へ赴任している。月給百五円である。ぼくは修学五年の旧制大卒、即ち大学令の早大第一回卒（教員検定指定校）である。高く売りこみたい、という意気込みと自信があった。石島さんには神戸三中へよろしくと頼み、なお俸給の条件（百五乃至百十円）をつけた。高師出が当時百円ということを聞いていた（田中　1986、p. 66）。【大正12年早大文学部卒】

表3-1は中等教員の学歴別初任給として、『学生年鑑』（大正15年）に掲載されたものである。[4] 厳密な統計的データではないが、おおよその状況はつかめよう。このうち、最も高給であるのは帝大であり、私立大学は高師と同等で90～120円、私学の高師部はやや低く80～110円程度であった。中等教員の就職指南書では、この好況期を「教員黄金時代」（立仙　1931、p. 37）と称し、私学高師部卒業生の就職事情を次のように記している。

…私立高等師範部の鼻息も素ばらしいもので、僅か三年の修業を以て高師並み以下では相手にならぬなど〻いふ状勢で、よくもこんなことがいはれたものだと憤慨してみても、うつかりすると到底手に入らぬので、仕方なしに時には百十円、百十五円といふやうな法外な相場を、（引用者注：中等学校長が）自分達の間で競り上げてしまふことになつた（立仙　1931、p. 38）。

表3-1：中等教員の学歴別初任給
（大正15年）

帝国大学卒	100－140円
高等師範・私立大学卒	90－120円
教員養成所卒	70－ 90円
私立大師範部卒	80－110円
その他	70－100円

山海堂編集部編（1925, pp. 296－297）より作成。

以上のように、大正後期には教員が著しく不足しており、就職活動はきわめて楽観的であった。先の国学院卒が105円で就職した事例にみられたように、高師卒の標準である100円より上の初任給で決まる場合もあり、私学出身者にとっては恵まれていた時代であったといえる。

3．3．昭和初期の就職状況と初任給

ところが、昭和に入ると中等学校の拡大傾向が減退する。また、昭和恐慌のあおりを受け、各道府県は教員採用を控えるようにもなった。つまり、中等教員就職難の時代が到来する（中内・川合編 1970、p. 175）。表3‒2は多くの私学中等教員養成機関が所在した東京における、高等教育機関卒業生の就職率を示したものである。大正14年時では、専門学校における師範系統の就職率が88・5％と、他分野と比べ良好であった。そもそも、大正9年頃から高等教育機関卒業生の就職難が社会問題化していたが（伊藤 1999、pp. 119‒120）、中等教員の就職市場に関しては、3．2．でもみたように大正後期でも好況であった。ところが、昭和初期に6割、そして昭和9年には52・0％まで落ち込んでおり、他分野よりもやや遅れて氷河期の到来したことが分かる。

表3‒2：東京府下高等教育機関卒業生の就職率（％）

	T14	S3	S6	S9
専門学校				
法律系統	－	61.1	60.2	47.8
商業系統	77.0	54.7	61.4	56.5
工業系統	86.5	91.6	97.8	88.4
農業系統	69.7	62.1	81.3	72.3
文学系統	48.9	60.9	71.2	55.6
医学系統	84.6	94.6	76.0	70.0
師範系統	88.5	60.3	62.3	52.0
	T14	S3	S6	S9
大学				
法学部	28.1	34.7	31.6	51.4
経済・商学部	54.2	47.6	54.7	60.2
文学部	56.4	53.3	52.5	46.4
理・工学部	82.2	85.0	69.8	89.2
農学部	58.1	76.7	61.8	54.8
医学部	100.0	95.7	71.6	93.9

東京市社会局編（1927）、東京府学務部社会課編（1932, 1936）より作成。

そして、それに伴い、初任給の水準が低下した様子を次の記述から窺うことができる。

私が初めて教壇に立ったのが、昭和四年六月八日で、いうなればこの日から月俸八十円の駆けだし教師が、時には生徒等が山学校もする小丸山公園麓の石川県立七尾商業学校で生活の糧を得ることになった（中谷　1969、p. 17）。【昭和4年早大高師部卒】

昭和五年卒業と同時に、この学園（引用者注：中野中学・東京）に奉職して教師生活が始まりました。辞令に月俸六十五円を給すとありました（片桐　1979、pp. 80–81）。【昭和5年早大高師部卒】

中外商業学校は、一学年四学級の男子商業学校で、初任給は八十円であった。当時の小学校の約二倍である。師範学校を中退した冒険が報いられた（松野　1979、p. 34）。【昭和10年立正大高師科卒】

このように、昭和初期には私学出身者の初任給が、おおよそ80円以下に下落していたと推測される。表3-3は昭和初期の福岡県における中等教員の初任給として、当時の中等学校長が標準を示したものである。高師が90円であるのに対し、私学の専門学校は4年制で80円、3年制で75円となっていた。一つの県の事例でしかないが、大正末の私学高師部が「80～

表3-3：中等教員の学歴別初任給
（昭和7年：福岡県標準男子）

帝国大学卒	100円
高等師範卒	90円
臨時教員養成所卒	80円
私立専門学校（4年）卒	80円
私立専門学校（3年）卒	75円
文検合格	80円

谷（1932，附録 pp. 7–8）より作成。

110円」であったことを考えると、その下限以下に落ち込んでおり、減少傾向が把握できる。しかし、この時期に私学出身で、卒業後直ちに中等学校に就職できた者は僥倖であった。就職先が自動的に配当される高師は別にして、帝大などの官学出身者と中等教員のポストをめぐって、激しい競合が生じたためである。

……その頃は不況のどん底で、失業者はあふれ新卒の就職は微々たるものであった。中等教員の免状はもっているものの競争がはげしく、ほとんど絶望的であった。ある日、履歴書をもって中等教員を斡旋する機関（それは東京府立第三高女内にあった）を訪ねた。国語教員の口が一つあった。しかし東北大出身者の履歴書がすでに出ていた。彼と私とをくらべて勝負は歴然としている。しかし係りの先生に「履歴書を出しても無駄でしょう」と言われたときは、流石にうちのめされて虚脱状態になっていた。私は深く頭を下げて校門を出た。ふらふらと六本木の方に歩いた。苦学のはて、やっと手にした私には宝のような免状も、現実の社会状況では反古同然であった。私は落胆した（大浜 1985、p. 6）。【昭和3年国学院高師部卒】

縁故がないなかで、私学出身者が帝大卒とポストを争うとなると、きわめて不利な立場におかれたことが分かる。こうした状況では、中等教員をあきらめざるを得ないケースも出てくる。彼らに待っていたのは、小学校の代用教員であったことが以下の記述から理解できる。

……当時は経済不況のどん底で、百五十名程の同期の卒業生のうち中等教員の免許は皆持っていながら、中等学校に就職できたのはほんの数える程しかなく、大抵は小学校の代用教員になるのが精々だった。

私も代用教員から漸く小本正（小学校本科正教員）で不満の月日を送っていた。当時は高師を出て中等学校に就職すると月俸が八十円、それに対して普通師範卒は四十七円と倍と半額という格差があった（松井　1983、pp. 295-296）。【昭和6年国学院高師部卒】

昭和初期は不況で、「大学は出たけれど」という映画が上映された。当時の就職難を主題にした内容であり、私もご多分に洩れず、希望する中等学校の教師にはなれず、昭和八年四月より、母校である毛野小学校代用教員とならざるを得なかった。しかし、月給四十五円は、師範学校出身と同額であったが、代用教員はその字の如く正教員の代用的存在である。不満やるかたなく、正教員の検定をとるために、音楽の勉強もした（植竹　1989、p. 105）。【昭和8年法大高師部卒】

当時は、私大専門部出身でしかない私達には、就職の見込みは殆んど無かった。恐ろしい失業者の群れに抛りこまれたことになる。

それでも、家庭教師や、神田の予備校の講師の口にありついて、僅かの収入を得て頑張っていた。夏の終り頃になって、故郷の父から、県内の小学校に代用教員の口があるとの連絡を受け、それに飛びついた。

足かけ七年に及ぶ東京生活に別れを告げて、故郷へ帰る私の気持ちは複雑であった。男子志を立てて出関しながら、都落ち同然の身になって帰るのが、なんとも佗しく悲しかった（本間

1983、p.58）。【昭和11年立正大高師科卒】

このように、大正後期の状況から一変し、昭和初期では中等教員の就職機会が著しく閉ざされていた。その代替として地元に帰り、初職に小学校の代用教員となる者が相当程度存在していたことを把握できる。そして、小学校教員の俸給は大正から昭和にかけて、中等教員の半額程度でしかなかった（山田　2002、p.79）。右の事例の教員3名はすべて、その後中等学校に異動しているが、いずれにせよ、中等教員養成の正系である高師のキャリアが、小学校教員からスタートすることはまず考えられなかったのである（片岡・山崎編　1990、山田　2002）[5]。

4. まとめ

以上、戦前期における私学出身者の中等教員就職過程とその変容について検証してきた。最後に、本章で得られた知見を総括して、考察を加えたい。

原則として官立高師の場合、最初の勤務校は自動的に配当されたため、就職活動を行う必要がなかった。一方、私学出身者の場合、就職活動のパターンとして、教員による紹介・斡旋、学校の仲介、自己開拓の三つが考えられた[6]。このうち、教員による紹介・斡旋は所属学校における教員の人脈に、自己開拓は親族、母校の恩師など血縁や地縁に頼るものであった。そして、就職状況は社会的・時代的背景に大きく左右されていた。例えば、大正後期の好況期では、高師と同等、あるいはそれ以上の給与で比較的容易に就職が可能であった。しかし、昭和期に入ると教員需要が冷え込み、限りあるポストを帝大などと激しく争うことになった。そうした場合、相対的に不利な立場にあった私学出身者は、初職に小学校の代用教員を選ばざるを得ないケースも出てきた。

本章の結果から、私学出身者のキャリアの特徴は、初職決定の段階からあらわれていたといえるだろう。高師が配当によって初任校が決定する以上、教員供給の「一安全弁」(寺崎　1983、p.351)たる私学は、高師出身者等の供給では満たされない中等学校を中心に、就職先が開かれていたといってよい。したがって、高師のみでは充当できない教員需要の範囲が広いほど、私学出身者の就職機会が拡大し、また厚遇で迎えられることになる。しかし、高師や官学出身者で需要が十分満たされる状況では、私学の新卒者は中等教員社会への参入を排除される事態になりえた。いずれにせよ、私学は最初の就職決定の過程において、教員需給や他の教員輩出ルートの状況に、きわめて影響を受けやすい立場にあったといえよう。

〈注〉

（1）この事例のように、戦前期における中等教員の採用は校長の専決事項といってよかった。山田（2002、pp.115−116）によれば、戦前の校長の権限は非常に強く、人事や昇給などについて、校長が決定権を握っていたとされる。また、就職指南書でも次のように記されている。「就職運動の対象は校長のみである。他の方面であると、種々の機関に諮らねば決定し兼ねる場合が多いが、中等教員のみは、全く校長の腹一つで決ることで、他に校長の決心を束縛し、之に干渉を加へる何者もない。……校長は部下の教員に対しては、実際に於て全く生殺与奪の権利を有し、採用しようと思へば何時でも採用されるし、首を切らうと思へば何時でも切ることが出来る」（立仙　1931、p.55）。

（2）例えば、夏目漱石『坊っちゃん』（明治39年）でも、主人公が物理学校卒業後、「四国辺のある中学校で数学の教師がいる。月給は四十円だが、行ってはどうだ」（夏目　1950、p.16）と校長から紹介され、松山中学に就職したという設定である。つまり、初任地が地方、初任給が40円という点で、窪田や石橋の回想と共通している。

（3）同時に、大正9年には俸給令が改正され、大幅に賃金水準が引き上げられている（門脇　2004、pp.159−161）。

（4）なお、官立中等教員養成機関の新卒者に対しては、文部省により「俸給標準額」が大正末より設定されている。杉森によると、男子の場合、総じて高師が6〜7級俸で90〜100円、臨教と専門学校が7級俸90円と定められていた。ただし、あくまでも標準とされ、実際に与えられた俸給額とは若干の誤差が生じていたという。なお、昭和6年以降、断続的に見直され、俸給額の引き下げが実施された（杉森　2000、pp.68−69、75）。

（5）昭和初頭の不況時でも高師出身者の就職状況は、次の回想にみるように、優遇されていたと考えられる。「初任給は月百円であった。そのころは極度の就職難で、東京帝大を出ても就職口は殆んどなく、たとえあってもせいぜい五、六拾円ぐらいであり、帝大を出て中学教員になったものはまだよい方で八、九拾円ぐらいであった。ところが高師を出ると、どこへ行っても百円であって非常に優遇されていた」（築山　1969、p.77）。【昭和4年東京高師卒】

（6）ただし、本章が提示した初職決定の三つの類型について、どのタイプが最も多く、それが時代によっていかに変化するかといった、数量的な把握と時系列の変動について詳細に検討できなかった。これは、質的な自伝資料を主たる分析の材料としたことによる限界といえよう。

第4章

私学出身中等教員における
キャリアの特性

――早稲田大学高等師範部の事例――

1．はじめに

1．1．本章の課題

前章では、私学出身者の中等教員としての初職決定過程について検証し、その特徴を明らかにしてきた。では、教員生活全体をみた場合、私学出身者はどのような経歴を辿るのだろうか。本章は早稲田大学高等師範部（以下、早大高師部）の出身者を事例に、私学出身中等教員のキャリアについて、検証しようとするものである。

本章で、私学の事例として早大高師部を取り上げたのは、それが他の私学と比べて、明治後半という早い段階に中等教員免許の無試験検定を得ていたためである。哲学館、国学院とともに、資格獲得運動を展開した東京専門学校は、明治32年に無試験検定が許可される。その後、文学部を起源とし、中等教員養成を主目的とした早大高師部が設置されるのは明治36年であった。したがって、長期間にわたって中等教員としてのキャリアを検討することが可能である。また、大正期には「近時早大が著しく教育方面に力を傾注した」とされ、「市内又は地方の中学校、師範学校、高等女学校、商業学校、農学校の教諭たる者無慮六百余名、これ実に早大の思ひがけざる一新勢力ではなからうか、若しこの趨勢にして変らない限り将来東京、広島の両高師と共に全国教育界を三分する決してその様に難事ではあるまい」（錦谷　１９１４、pp.１７２-１７３）とまで評されることもあった。このように、早稲田は私学における中等教員の輩出校として一定の勢力があり、供給源としても重要な役割を果たしていたと想定される。

こうした代表事例としての早稲田において、その卒業生は中等教員社会でいかなるキャリアを経ていったのか。正系の養成機関であった官立の東京高師との比較から、職業分布、勤務した中等学校の特性、校長への昇進機会について分析を行いたい。

1．2．資料の性格

早大高師部出身者のキャリアを検証する上で、本章では『早稲田大学校友会名簿』のうち、明治42年、大正4年、大正11年、昭和5年の4時点の名簿を利用した。早大高師部の最初の卒業生は明治38年に輩出されるが、例えば明治42年の名簿であれば、明治38年から42年までの卒業生の、その時点における就職先が記載されていることとなる。この4時点の分析により、明治末期、大正前期、大正後期、昭和初期における就職動向を確認することができる。ただし、無試験検定制度が適用されず、卒業しても免許の得られなかった数学科・理化学科の卒業生は除外した。また同時に、その比較対象として、同年度の『東京高等師範学校一覧』を利用し、東京高師卒業生の就職動向も検証している。ただし、東京高師の場合は、基本的に文系科目の教員養成が認められていた早大高師部との比較から、明治38年以降で文系の本科卒業生のみを集計していることに留意されたい。

2．卒業生の職業分布

まず、卒業生の全般的な職業分布を確認しよう。表4-1、表4-2は早大高師部と東京高師出身者の4時点における職業構成を集計したものである。

表4-1から、早大高師部は全時点において、70％前後が中等学校教員に就職していた。教員以外の職業比率

表4-1：早大高師部出身者の職業分布

	明治42年		大正4年		大正11年		昭和5年	
教員計	202	83.1%	290	72.7%	535	75.6%	1100	79.6%
高校・専門・大学	3	(1.2%)	2	(0.5%)	7	(1.0%)	29	(2.1%)
中等学校	178	(73.3%)	267	(66.9%)	489	(69.1%)	965	(69.8%)
小学校	1	(0.4%)	3	(0.8%)	3	(0.4%)	19	(1.4%)
その他	18	(7.4%)	15	(3.8%)	16	(2.3%)	17	(1.2%)
内地以外の教員	2	(0.8%)	3	(0.8%)	20	(2.8%)	70	(5.1%)
会社員	12	4.9%	22	5.5%	61	8.6%	81	5.9%
官庁	8	3.3%	23	5.8%	35	4.9%	37	2.7%
新聞・出版・放送	10	4.1%	23	5.8%	24	3.4%	45	3.3%
商業	0	0.0%	7	1.8%	17	2.4%	23	1.7%
農業	0	0.0%	1	0.3%	4	0.6%	9	0.7%
市町村長・議員	0	0.0%	0	0.0%	1	0.1%	8	0.6%
僧侶	0	0.0%	1	0.3%	11	1.6%	16	1.2%
学生	3	1.2%	23	5.8%	2	0.3%	24	1.7%
その他	8	3.3%	9	2.3%	18	2.5%	39	2.8%
計	243	100.0%	399	100.0%	708	100.0%	1382	100.0%
不　明	325		282		248		486	
死　亡	11		38		98		191	
総　計	579		719		1054		2059	

『早稲田大学校友会会員名簿』各年度より作成。

表4-2：東京高師出身者の職業分布

	明治42年		大正4年		大正11年		昭和5年	
教員計	269	89.7%	526	88.7%	753	80.5%	1162	79.8%
高校・専門・大学	2	(0.7%)	17	(2.9%)	52	(5.6%)	143	(9.8%)
中等学校	235	(78.3%)	467	(78.8%)	632	(67.6%)	880	(60.4%)
小学校	23	(7.7%)	18	(3.0%)	11	(1.2%)	16	(1.1%)
その他	4	(1.3%)	6	(1.0%)	12	(1.3%)	17	(1.2%)
内地以外の教員	5	(1.7%)	18	(3.0%)	46	(4.9%)	106	(7.3%)
会社員	0	0.0%	2	0.3%	34	3.6%	48	3.3%
官庁	4	1.3%	20	3.4%	43	4.6%	57	3.9%
新聞・出版・放送	0	0.0%	2	0.3%	1	0.1%	11	0.8%
商業	0	0.0%	0	0.0%	1	0.1%	0	0.0%
農業	0	0.0%	0	0.0%	0	0.0%	0	0.0%
市町村長・議員	0	0.0%	0	0.0%	1	0.1%	2	0.1%
僧侶	0	0.0%	0	0.0%	0	0.0%	0	0.0%
学生	27	9.0%	39	6.6%	93	9.9%	146	10.0%
その他	0	0.0%	4	0.7%	9	1.0%	30	2.1%
計	300	100.0%	593	100.0%	935	100.0%	1456	100.0%
不　明	3		29		44		72	
死　亡	6		24		72		139	
総　計	309		646		1051		1667	

『東京高等師範学校一覧』各年度より作成。

はいずれも1割を超えることがなく、早大高師部が純然たる中等教員養成機関として、一定の機能を果たしていたといえる。一方、表4-2から東京高師出身者は明治42年、大正4年では8割近くが中等教員であるのに対し、昭和5年になるとその割合が約6割に減少していた。理由として、東京高師卒業生は服務義務終了後に大学に進学し、高等教員への道をめざした者が一定数いた点を挙げられる。卒業後の学生数と高等教員数がそれを示している。(1) しかし、早大高師部は全時期を通じて学生と高等教員の数が限られている。このことは、早大出身者の場合、中等教員に就職した後に、高等教員への上昇経路が東京高師より限られていたことを物語っている。山田(2002)は高等教員への転職率が高い帝大文学部出身者との比較から、高師出身者のキャリアが中等教員内に閉ざされていたと指摘したが、早大高師部出身者は、高師以上に、一度中等教員に就職するとそのまま中等教員社会にとどまっていたのである。

3．勤務先の中等学校

3．1．学校種

次に、勤務先としての中等学校に限定して、その学校の特徴を確認していこう。まず、中等学校の学校種である(表4-3)。

両校とも程度の違いこそあれ、いずれの年も中学校での勤務が最も多い。また、高等女学校へは両校とも4学校種のうち、3番目である。しかし、師範学校は、東京高師の場合、常に30~40%程度と2番目の比率を保って

表4-3：早大高師部・東京高師卒業生の勤務先中等学校
（学校種別）

	明治42年		大正4年		大正11年		昭和5年	
早大高師部								
師範学校	7	3.9%	8	3.0%	8	1.6%	33	3.4%
中学校	143	80.3%	196	73.4%	317	64.8%	514	53.3%
高等女学校	13	7.3%	24	9.0%	67	13.7%	195	20.2%
実業学校	15	8.4%	39	14.6%	97	19.8%	223	23.1%
合　計	178	100.0%	267	100.0%	489	100.0%	965	100.0%
東京高師								
師範学校	92	39.1%	175	37.5%	191	30.2%	230	26.1%
中学校	102	43.4%	195	41.8%	316	50.0%	446	50.7%
高等女学校	29	12.3%	74	15.8%	111	17.6%	189	21.5%
実業学校	12	5.1%	23	4.9%	14	2.2%	15	1.7%
合　計	235	100.0%	467	100.0%	632	100.0%	880	100.0%

『早稲田大学校友会会員名簿』、『東京高等師範学校一覧』各年度より作成。

いたのに対し、早大高師部はどの時点においてもごくわずかで、4％未満でしかない。逆に、実業学校になると、早大高師部の比率は中学校に次いで高く、昭和5年には2割に達していたのに比べ、東京高師出身者はほとんど実業学校に勤務しなかった。このように、早大出身者に師範学校教員が少なく、実業学校教員が多いことは何を意味しているのだろうか。

まず、師範学校であるが、もともと師範学校教員を育成することを主目的としていた高師出身者の牙城であって[2]、帝大出身者でさえ師範学校の教員は多くなかった。学校数も戦前期を通じてそれほど増加しなかったため、図4-1のように最も教員数が少なく、需要の限られた学校であった。実際、「中等学校でも、師範学校には殊に閥の観念が強く、多くは高等師範の人々」（赤阪　1923、p.240）、「何といつても待遇の最も良いは、師範学校である。蓋し師範学校は他中等学校の右翼に位置するだけ、教員も主として高師出身者が多い」（立仙　1931、p.164）などと評されていた[3]。こうした状況であるから、私学出身者が就職するのは困難であったと考えられる[4]。

次に実業学校である。実業学校の教員資格は、師範学校、中学校、高等女学校の教員免許制度とは若干異なっていた[5]。よって実質的に、実業学校の「普通学科に対する教員は、師範、中学、高女の教員有資格者を、其のま、実業教員として認めるまでのことで、つまり他人の田から余り水をいたゞかうとするのであるから、高師等の卒業生の得られる訳もなく」という状況で、「されば自然無試験検定を貫つて来る私立学校出身、又は一般専門学校出の収容所の如き観を生じ、兎もすれば局外者より、教員の質が一等低いと見られるやうになつたものである」（同右、p.127）。すなわち、師範学校、中学校、高等女学校の教員免許をもった私学出身者が、高師出身教員を確保できない実業学校に多く就職していたということである。中等教員検定の受験案内でも、「中等学校の風格としては、師範学校が第一位で、次が中学校、高等女学校、実業各学校、実科女学校等になるであらう」（「受験と学生」編集部編　1940、p.27）という順位になっていた。また、中学校教員との給与格差による差別意識が、実業学校教員にあったとされている（中内・川合編　1970、pp.177-178）。さらに、ある早大高師部出身者【明治39年卒】は、「実業学校には刺身のつま視された普通科の教師であり、責任の軽い位置にある」（小田原　1976、p.378）と、実習教科が重視された農業学校での自らの立場を回想している(6)。

このように、実業学校は中等教育の一翼を担ってはいたが、中等教員の勤務先としては望ましいとはいえない、やや威信の低い学校であった(7)。帝大、高師出身中等教員の先行研究でも実業学校は扱われないが、そもそも彼らは実業学校にほとんど就職していないのである。図4-1にあるような実業学校教員の供給には、その普通教科を中心に、早大高師部など私学出身者が貢献していたと考えられる。

図4-1：明治後半～昭和初期における中等教員数

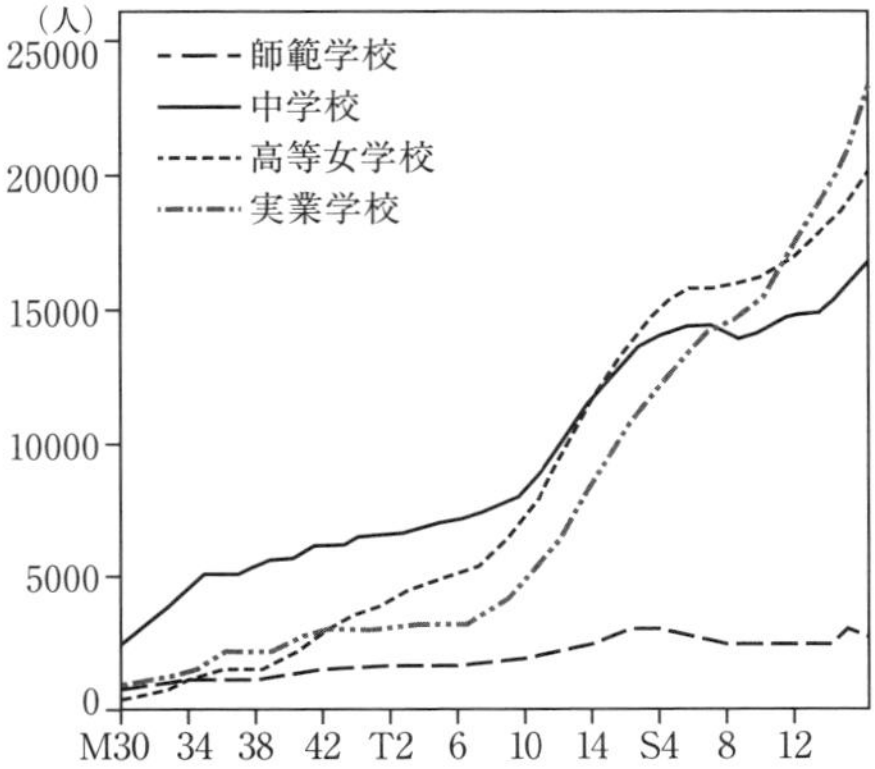

『文部省年報』各年度より作成。
注：実業学校は中等学校段階の甲種のみ集計。

図4-2：早大高師部・東京高師出身者における在職中学校の属性別比率

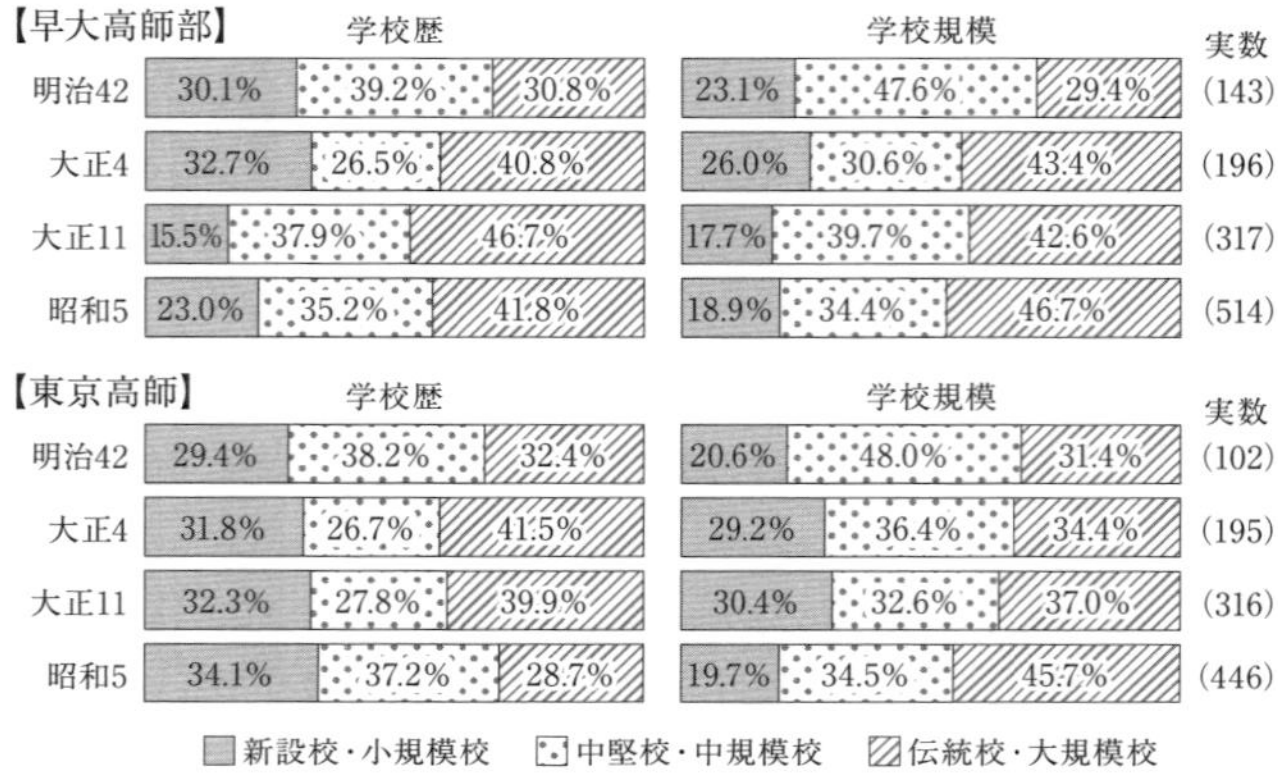

『早稲田大学校友会会員名簿』、『東京高等師範学校一覧』各年度より作成。
注：「学校歴」については文部省『全国中学校に関する調査』各年度に基づき、全中学校を開校年の古い順に並べ、その上位3分の1を「伝統校」、次の3分の1を「中堅校」、最後の3分の1を「新設校」とした。「学校規模」も『文部省年報』各年度により、生徒数の多い上位3分の1を「大規模校」とし、順に「中規模校」、「小規模校」と設定している。

図4-3：早大高師部・東京高師出身者における在職高等女学校の属性別比率

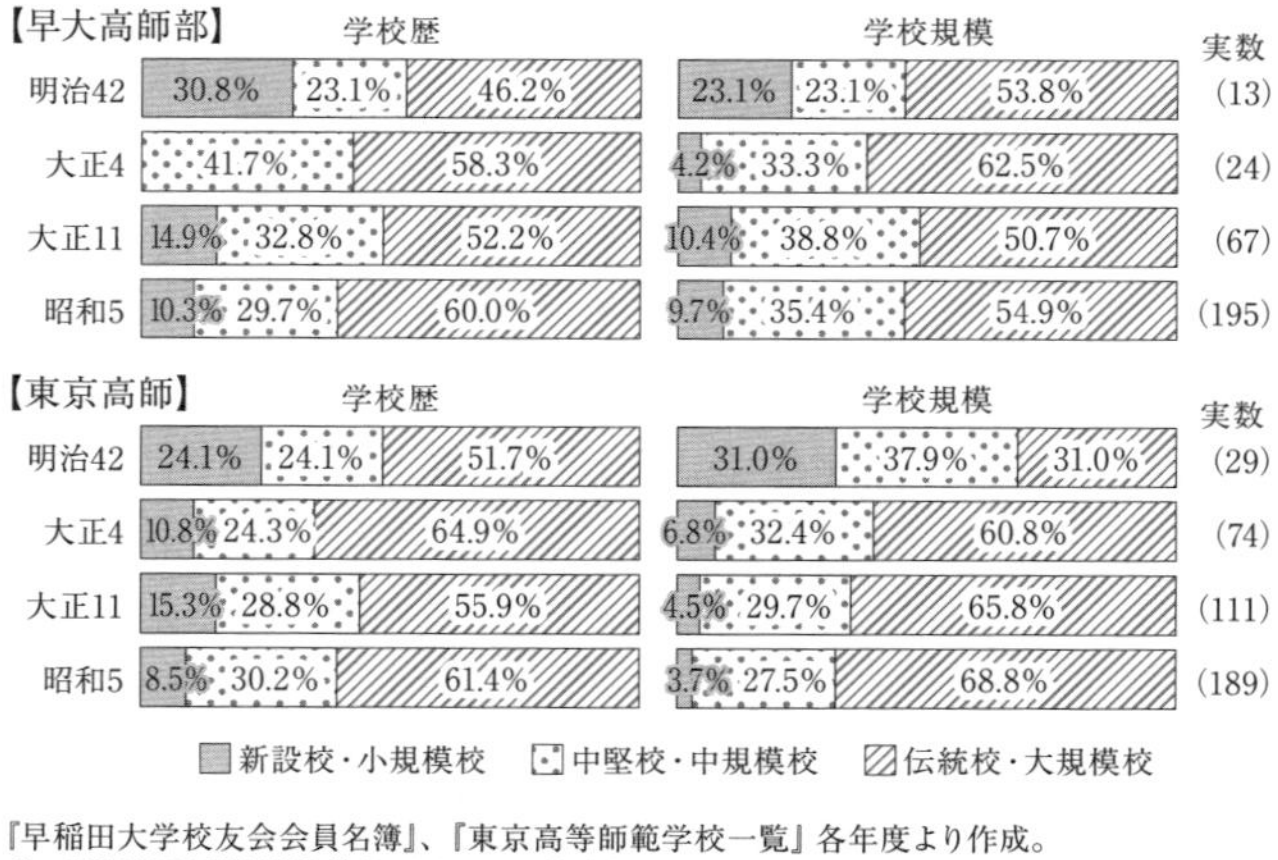

『早稲田大学校友会会員名簿』、『東京高等師範学校一覧』各年度より作成。
注：「学校歴」「学校規模」は図4-2の基準と同じ。ただし、本図において「学校歴」のカテゴリ化は文部省『全国高等女学校・実科高等女学校に関する調査』各年度に基づく。

3.2. 勤務先中学校・高等女学校の学校歴・規模

続いて、全期間を通じて両校出身者とも多くが在職していた中学校・高等女学校について、詳細にみていきたい。ここでは、勤務した学校の属性として、学校歴、学校規模を検証する。早大高師部出身者の就職した学校は、地域の伝統校であったのか、それとも新設校であったのか。また、都市部にある大規模の学校であったのか、あるいは僻阪の小規模の学校であったのだろうか。在職校の開校年と生徒数から、「学校歴」（新設校・中堅校・伝統校）、「学校規模」（小規模校・中規模校・大規模校）という指標を設けて、その特徴を検証しよう。

図4-2、図4-3から分かるように、中学校、高等女学校ともに早大高師部、東京高師出身者の間に大きな相違がみられない。違いがあるとすれば、中学校で大正11年、昭和5年に早大高師部出身者が伝統校に比較的多く在籍していたことくらいである。また、高等女学校では両校とも中学校に比べ伝統校、大規模校に在職していた割合は高いが、総じて東京高師の比率が若干上である。ただし、全般的に両者の間で有意な差があるとみなすのは難しいと思われる。両校出身者はその歴史、規模において、同じような学校に勤務していたといえるだろう。

4. 校長への昇進

4.1. 校長数・校長輩出率

山田（2002）によれば、戦前の中等学校は校長の権限が非常に強く、単に教員の採用のみならず、昇進や昇給をも決定することができたとされている。すなわち、現代の中等学校の校長に比べてその権限は絶大であり、戦前期の中等教員にとって校長は地位達成の象徴的存在でもあった。そうした校長への昇進に関して、早大高師部出身者の状況は、高師と比べていかなるものだったのだろうか。

表4-4：早大高師部・東京高師出身者の校長数と校長輩出率

	明治42年 校長数	明治42年 輩出率	大正4年 校長数	大正4年 輩出率	大正11年 校長数	大正11年 輩出率	昭和5年 校長数	昭和5年 輩出率
早大高師部								
師範学校	0	0.0%	0	0.0%	0	0.0%	0	0.0%
中学校	0	0.0%	0	0.0%	0	0.0%	6	1.2%
高等女学校	0	0.0%	0	0.0%	3	4.5%	11	5.6%
実業学校	0	0.0%	0	0.0%	0	0.0%	4	1.8%
合　計	0	0.0%	0	0.0%	3	0.6%	21	2.2%
東京高師								
師範学校	0	0.0%	1	0.6%	11	5.8%	19	8.3%
中学校	0	0.0%	1	0.5%	27	8.5%	71	15.9%
高等女学校	1	3.4%	4	5.4%	21	18.9%	61	32.3%
実業学校	1	8.3%	1	4.3%	0	0.0%	7	46.7%
合　計	2	0.9%	7	1.5%	59	9.3%	158	18.0%

『早稲田大学校友会会員名簿』、『東京高等師範学校一覧』各年度より作成。
注：校長輩出率とは校長数を教員数で除したもの。

表4-5：早大高師部・東京高師出身校長の在職校属性（昭和5年）

	学校歴 新設校	学校歴 中堅校	学校歴 伝統校	学校規模 小規模	学校規模 中規模	学校規模 大規模
早大高師部						
中学校（6）	3	2	1	3	3	0
	50.0%	33.3%	16.7%	50.0%	50.0%	0.0%
高等女学校	2	6	3	4	6	1
（11）	18.2%	54.5%	27.3%	36.4%	54.5%	9.1%
東京高師						
中学校（71）	23	24	24	22	24	25
	32.4%	33.8%	33.8%	31.0%	33.8%	35.2%
高等女学校	7	19	35	4	26	31
（61）	11.5%	31.1%	57.4%	6.6%	42.6%	50.8%

『早稲田大学校友会会員名簿』、『東京高等師範学校一覧』各年度より作成。
注：「学校歴」「学校規模」のカテゴリ化は図4−2、図4−3に基づく。

表4−4をみると、両者の状況は明らかに異なっている。早大高師部出身の校長は大正11年にようやく3名、昭和5年には21名、名簿にあらわれるが、その校長輩出率（出身教員総数に対する出身校長数の比率）はそれぞれ0・6%、2・2%でしかない。ところが、東京高師はすでに明治42年に2名校長を輩出している。さらに大正11年には59名、昭和5年には158名となり、校長輩出率はそれぞれ9・3%、18・0%である。両校出身者とも高等女

学校での輩出率が高く、早い段階で校長になる者が多い点は共通している。しかし、校長輩出率と昇進スピードは大幅に、東京高師出身者が上回っていることが分かる(8)。

また、昭和5年時における、両校出身校長の在職中学校、高等女学校の学校歴、学校規模についても検証した。**表4-5**をみると、早大高師部出身者は中学校では威信が高いと思われる伝統校に1名のみ在職しており、残りは中堅、中規模以下の学校長である(9)。一方、東京高師出身者は各カテゴリにほぼ等しく分散した。高等女学校でも早大高師部出身者は中堅校、中規模校以下に集中しているが、東京高師は新設校、小規模校が少なく、伝統校、大規模校に偏る傾向にあった。山田（2002、pp.89-110）による分析では、同じ昭和5年時に、校長数では高師出身者が帝大出身者を、とくに高等女学校において大きく上回るが、帝大出身校長は伝統校、大規模校に在籍する割合が高いことを指摘している。しかし、早大高師部出身校長は、在職した学校の威信においても、東京高師出身者よりさらに低位に置かれていたことが分かる。

加えて、昭和5年の『文部省年報』から算出すると（表4-6）、全中等学校の教員総数に占める校長の割合が5・4%であるのに対し、**表4-4**でみたとおり、早大高師部出身者の中で校長の職にあったのはわずかに2・2%であった。校種別にみても、すべて平均輩出率を下回っている。つまり、東京高師出身教員のみならず、全教員平均と比べても、早大高師部出身者の校長輩出率は低かったことになる。

表4-6：全中等教員数に対する校長比率（昭和5年）

	校長数	教員数	%
師範学校	105	2,672	3.9%
中学校	557	13,843	4.0%
高等女学校	975	15,223	6.4%
実業学校	786	12,882	6.1%
合　計	2,423	44,620	5.4%

文部省編（1974）より作成。
注：実業学校は中等学校段階の甲種のみ集計。

4．2．早大出身校長昇進者の事例

さて、そもそも教員社会での出世のためには、校長と親密な関係をつくらなければならず、そうした関係を最も築きやすかったのが学閥であり、校長の強い権限を背景に各教員が高い地位と給与を求めることで、高師出身者らの学閥が形成されていったとされる（山田　2002、p. 120）。中等教員社会において、母校出身の管理職と同窓生のネットワークは地位達成のための重要なファクターであった。これは早大出身者も同様であったといえる。ある教員【大正12年文学部卒】は宮崎県の中学校長にまで登りつめたが、中等教員社会で異動、昇任していった自らの経緯について、次のように述べている。

飛沢先輩（引用者注：明治41年早大高師部卒）は、ぼくの見付中学へ転ずる橋渡しをしてくれた恩人。女子教育のもの足りなさを時折洩らしていたので稲門クラブの仲間に推薦の口をかけて置いてくれたのである。こんな関係もあり、群馬を後にしてからも、飛沢先輩とはいろいろ連絡が続いた。見付へ移って五、六年経た頃、飛沢先輩を通じて群馬の藤岡高女で地歴主任に来ないか、奏任待遇の用意もあると誘いがあった（田中　1986、pp. 92–93）。

私のような郷関を出て、各地へ二十年転勤の旅を続けたものは、まず頼るところの第一はその土地の早大同窓であった。最初の見付では小田原教頭（引用者注：明治39年早大高師部卒）、水戸では丹沢光輩（引用者注：明治36年早大文科卒）であった。その手づるで多くの校友先輩の援助指導を受けた。私の今日あるのはこれらの稲門先輩の御陰である（同右、p. 403）。

彼が校長に昇任したのは、昭和15年と戦前としてはだいぶ遅い。ただ、この時期になると、同窓教員のネットワークによって、私学出身者が中等教員社会で上昇できる可能性のあったことを物語っている。[10]

4.3. 中等教員社会と早大出身者の昇進機会

しかし、それ以前の大正中期頃までにおける、早大出身者の状況について、石橋湛山は以下のように回想している。

当時の日本の中等学校のおもなるものは公立であったが、ここには、高等師範と帝大とが、堅く学閥を作っていた。私学出のわれわれの友人は、月給の安い間は使われるが、少しく位地が進むにいたると、はじから首にされた。……ずっと後のことは知らず、少なくとも大正六、七年ごろまでの記憶では、純粋の早稲田出で、公立中等学校の校長の位地にあったものは、ひとりもなかった（石橋　1985、pp. 88–89）。

表4-4でみたとおり、大正後期から早大高師部出身者にようやく中等学校長があらわれるが、例えば、「明治三十八年の英語科の第一回卒業生である梁川良右衛門は、昭和の初め頃宮城県の東端の県立気仙沼中学校の校長になったが、当時、早稲田出身者として異数の栄進と受け取られていた」のであり、「梁川のところへは早稲田出身の教員志望者の履歴書が殺到したということであった」（早稲田大学大学史編集所編　1990、p. 872）。決して都市部の伝統校ではない「東端」の中学校であっても、当時私学出身の中等学校長は「異数の栄進」であった。

先述したとおり、中等教員社会で母校出身校長の存在は、地位達成の重要な要素であったが、早大出身者にとって校長数の少なさは致命的であっただろう。そもそも、卒業した中等教員と在学生の会であった「早稲田教育会」はうまく発展しなかったとされるが、理由として「長い間、中心となってくれるような中等学校の校長の数がきわめて少く」、その結果、「広島高師の尚志会や東京高師の茗渓会のように卒業した教員の緊密な集結の形の会などは持ちようもなかった」（同右、p. 878）。先に引用した早大出身校長も「早大出の中等学校長は数少ない、しかも県下の名門校では」（田中　1986、p. 90）と、同窓教員組織が発展しにくい状況を認識していた。

とはいえ、少ないながら大正後期から早大高師部出身校長は存在していた。「異数の栄進」であったこの時期の出身者は、どのような過程を経て校長に昇進したのであろうか。先の引用に登場した飛澤勇造【明治41年卒】は、次のように記している。

大正時代迄は全国公立中等学校に於て、母校出身校長は十名位しかなかつたやうに覚えて居る。現に本県などでは、大正九年に今の宮城県女子師範学校長丹澤氏が異数の抜擢を以て三十九歳の青年校長として前橋高女校長として、来任せらるゝ迄は、私学出身者で学校長に進んだ人は一人もなかつたのである。更に全国的に之を観察すると昭和二三年頃になつて学校長に進む人も少しづつ出来たが、是等は何れも其の地方に於て特別の成績を認められた人々であるが、何れも四十五六才から五十才位になつてやうやく泳ぎついたもので、高師出身者などに比べると十年位は遅れて居るわけである（飛澤　1939、pp. 53–54）。

一方、高師出身などエリート教員のキャリアについて、大正期のある早大出身教員は、皮肉をこめて次のように評している。

官立の「最高学府」か、高等師範かを出れば十年も経てば教頭位にはなれる。そして旨く転べば校長にもありつける。勉強なんかしなくもいゝ。ストライキが起らない程度に生徒を叱つて整然とさせ、教場でするだけの努力は、その代りに出席の統計や交際に費してゐれば、なんとか尻上りにおしあげられてゆくのださうだ……（青龍 1922、p. 57）。

中等教員社会での校長を中心とするネットワーク、すなわち社会関係資本が希少な早大高師部出身者は、明らかに高師出身者に比べて校長昇進機会が限られていた。こうした社会関係資本の差は、地道な教育実践の末に認められる「特別の成績」で補塡し校長に昇進することも一応可能ではあった。しかし、当然ながら、個人の能力による「特別の成績」を誰もが収められるとは限らない。また、「特別の成績」によって資本収益率の差を一応補塡できても、高師出身者に比べて、10年程度余計の歳月を費やさなければならなかったのである。

5. まとめ

本章では、早大高師部を事例に、私学出身者における中等教員のキャリアを検証してきた。結果をまとめておこう。

まず、卒業生の職業分布の検証により、早大高師部は一定数の中等教員を輩出していたが、東京高師と比較すると、卒業後に高等教員へ上昇移動する率が低く、キャリアが中等教員社会に限定されていたことが分かった。学校種については、早大高師部、東京高師出身者とも、中学校に最も多く勤務していたが、早大高師部の場合は師範学校が少なく、実業学校が目立っていた。この実業学校は中等学校のなかではやや威信が低く、高師や帝大出身者がほとんど勤務しない学校であった。ただ、勤務した中学校、高等女学校の規模や学校歴については、両者の間に差はほとんどみられなかった。

そして、校長の昇進については、校長数、昇進スピードとも早大高師部出身者は東京高師を大きく下回っていた。また、早大高師部出身者が校長に昇進しても、新設校・小規模校といった周辺部の学校が多かった。その要因として、とくに大正期までは全般的に校長の数が少ないために、同窓教員のネットワークが脆弱で、社会関係資本において高師出身者と大きな格差があったためと考えられた。したがって、私学出身者が昇進するためには、高師出身者以上の年数と特別の実績が求められると想定されていた。

本章の分析によって、私学の一事例として、早大高師部出身者のキャリアの特性が明らかになった。彼らは正系の高師出身者等では充足されない実業学校の教員需要を補塡し、また、校長昇進といった地位達成の機会が著しく限定されていた。そうした中等教員社会での位置は、彼らの教師像や教育実践にどのように反映するのか。この点の分析については、第8章に譲るとし、次章では、制度的に早稲田とは対照的な位置にあった私学の夜間部について、日大高師部を事例に検証したい。

〈注〉

(1)なお、広島高師卒業生は東京高師より高等教員の割合が低かったが、その差はわずかであり、同様の傾向を示していた。こうした高師出身者の就業状況については、山田(2002、pp. 200-210)に詳しい。

(2)明治19年の師範学校令第10条では、「高等師範学校ノ卒業生ハ尋常師範学校長及教員ニ任スヘキモノトス但時宜ニ依リ各種ノ学校長及教員ニ任スルコトヲ得」とされ、高等師範学校の設置目的が、師範学校の教員養成にあることを第一義的に規定していた。

(3)実際、ある東京高師出身者【大正6年卒】は、「松山、鎌倉、高知と卒業以来七年余を師範学校教師で過した。男子の師範が中等学校中の最右翼と自認し、一般もそういう見方の当時である」(甲藤 1970、p. 51)と回顧している。よって、高等女学校に転任になった際には、次のことを言われたという。「親友の送別のことば『君、女学校なぞで成績をあげんでもよい。サッサと引き揚げて来給え』これは女学校なるが故に左遷と見えるのを慰めての愛語であったと思う」(同右)。

(4)例えば、ある早大出身者【明治41年文科卒】は、母校出身で師範学校に在職した者は稀であったとして、次のように回想している。「私は教育に興味をもっておるところから、早稲田卒業後、香川県、福島県の師範学校に就職し、心理学、教育学、教育史などを受持った。今から考えるとやや大胆な企で、当時、早稲田出で師範学校で教育を担当しておるものは、私の外に長野県出身の某一人あるのみであった。或る意味に於て異彩ある存在と言い得る」(小沢 1962、p. 171)。

(5)実業教員の教員資格、免許制度は、牧(1961、pp. 167-172)に詳しい。

(6)例えば、実業学校の一つ、水産学校に勤務した出身教員【大正11年卒】も同様に指摘する。「学校は漁撈、養殖、製造の三専門教科に分かれていた。生徒は殆ど北海道各地から集まった漁家の子弟である。専門教科は重んじたが、数学や英語国語等の教養科目は普通科と称して軽視して余り勉強しなかった」(風野 1984、p. 22)。また、別の早大出身教員【昭和10年文学部卒】によれば、商業学校の「普通教科には渡り者とか、世の中のアブレ者とかいった向きの人たちがいる。ある英語の先生は大阪府立での名門校K中学校で、実力のある先生だと生徒に好評を得ていたにもかかわらず、持ちまえの反骨精神でよく他人と衝突し、酒癖も悪いというので長く勤まらず転々と学校をかわって、この学校に流れついたという。ある先生は『船場』の『ぼんぼん』だが跡取り息子ではないので、気楽の勤めということで来ている。ときどき京都祇園の茶屋あたりから、『今日は休む』という電話連絡があったりする」(古田中　1975、p. 126)。

(7)例えば、早大高師部第1回卒業生【明治38年卒】であった父との関係を軸に描いた宮内寒彌の私小説『七里ヶ浜』では、父が農学校教員から県下の名門高等女学校に転任する際の様子を、次のように記している。「その名門校の地歴教師に私学出の父が農学校から転任することができたのは、善人だが何処の馬の骨かと取沙汰されていた婿養子の格を少しでも上げるために関係筋に手蔓を求めて、目的のためには手段を選ばぬ裏面運動を、母が父には内緒で行なった結果であった旨を、畑中は後に彼女から聞かされた」(宮内　1978、p. 58)。

(8)広島高師の校長輩出率は、東京高師と比べると師範学校、中学校、高等女学校とも若干低いが、ほぼ同様の傾向がみられる(片岡・山崎編　1990、pp. 173-174)。

(9)しかし、この1名は一度故郷の中学校に勤務した後に東京帝大に進学しており、この点が威信の高い中学校長に押し上げた可能性は大きい。

(10)この当人も、「私は先輩の指導援助を受けたので、その恩返しに学校長になってから同門の優秀者を採用し、また他校に紹介した」(田中　1986、p. 405)と積極的に同窓教員を世話しており、ネットワークが拡大再生産される様子も窺える。

第5章

私学夜間部における中等教員養成機関の機能

――日本大学高等師範部の事例――

1. はじめに

1．1．本章の課題

第4章でみた早大高師部は、昼間部の中等教員養成機関であった。その一方で、夜間授業の私学高師部も存在していた。例えば、日本大学、立正大学、法政大学、東京物理学校の高師部である。これらは、教員養成機関の受験案内で、「かういふ施設は私立大学の特色とするところで、昼間勉学の機会に恵まれないものの為にはもつとも好条件といはなければならぬ」（『受験と学生』編集部編　1939、p.154）と紹介されたように、官学の養成ルートにはない特異な存在であった。したがって、昼間部とは異なった機能を有していた可能性がある。本章では、日大高師部を事例に、出身者の社会的出自、学校生活、卒業後の社会的配分に焦点をあて、戦前期の私学夜間部における中等教員養成機関の機能を検証していく。

夜間の養成機関として日大高師部を取り上げる理由に、まず無試験検定の許可年が明治34年と、私学夜間部ではきわめて早い段階で公的に教員免許付与が認められた点を挙げられる[1]。それに伴い、長期間にわたって学生が在籍し、多数の卒業生が輩出されたと考えられる。実際に序章でみたように、日大高師部は明治期では卒業生が限られたものの、大正半ば以降急増し、大正末から昭和初頭には東京高師を上回るほどになる（図序-4）。また、当時の中等教員免許取得の指南書では、「夜学校によつて中等教員の無試験検定の取扱を受ける事を得るものは、日本大学の高等師範部と東京物理学校の高等師範部とを主なるもの」（松田　1928、p.188）と評されていたのである。

1．2．資料の性格

本章の分析では、主に日本大学の校友会員名簿（大正8年、昭和7年）を資料として用いた。これには卒業生の出身地（県）、就職先が掲載されており、移動傾向を量的に明らかにできる。ただ、就職先の明記のない者が比較的多くみられ、全卒業生を網羅できない点に難点がある。なお、第4章と同様に、比較対象として同時期における東京高師の卒業生名簿も分析に用いている。この際、文系学科のみ設置された日大高師部と対比するため、文系の本科生に限って集計した。また、東京高師については、日大高師部が最初の卒業生を輩出した明治37年以降の学生を集計の対象としている。

2．社会的出自

2．1．出身者の地域的出自

夜間の養成機関である日大高師部には、いかなる出自の者が在籍していたのだろうか。まず、卒業生名簿に記載の本籍地（出身県）を集計し、出身者の地域的特性をみていこう。表5-1は、最初の卒業生を輩出した明治37年から昭和6年までの、日大高師部全出身者の本籍地を集計した結果である。なお、時期による変遷をみるために、卒業年から明治後期（Ⅰ）、大正前期（Ⅱ）、大正後期（Ⅲ）、昭和初期（Ⅳ）の4区分を設けた。また、比較のため、同時期の東京高師出身者の集計値も掲載している。

結果をみると、東京高師に比べて、日大高師部はやや出身地の偏りがみられている。全体の値で日大は近畿の

表5-1：日大高師部・東京高師出身者（明治37～昭和6年卒）の地域的出自

	日大高師部										東京高師	
	全体		Ⅰ(M37-45卒)		Ⅱ(T2-8卒)		Ⅲ(T9-15卒)		Ⅳ(S2-6卒)		全体	
北海道	35	1.2%	5	1.6%	1	0.4%	11	1.5%	18	1.2%	17	0.9%
東北	381	13.5%	44	14.3%	38	16.4%	100	13.6%	199	12.9%	180	9.9%
北関東	300	10.6%	40	13.0%	26	11.2%	81	11.0%	153	9.9%	158	8.7%
南関東	578	20.5%	40	13.0%	59	25.4%	168	22.9%	311	20.1%	183	10.1%
うち(東京)	(206)	(7.3%)	(22)	(7.2%)	(23)	(9.9%)	(60)	(8.2%)	(101)	(6.5%)	(67)	(3.7%)
(神奈川)	(91)	(3.2%)	(5)	(1.6%)	(4)	(1.7%)	(30)	(4.1%)	(52)	(3.4%)	(32)	(1.8%)
(埼玉)	(98)	(3.5%)	(5)	(1.6%)	(11)	(4.7%)	(27)	(3.7%)	(55)	(3.6%)	(29)	(1.6%)
(千葉)	(183)	(6.5%)	(8)	(2.6%)	(2)	(9.1%)	(51)	(6.9%)	(103)	(6.7%)	(55)	(3.0%)
中部	521	18.5%	55	17.9%	47	20.3%	128	17.4%	291	18.8%	467	25.7%
近畿	125	4.4%	22	7.2%	6	2.6%	21	2.9%	76	4.9%	289	15.9%
中国	251	8.9%	29	9.4%	22	9.5%	67	9.1%	133	8.6%	175	9.6%
四国	125	4.4%	29	9.4%	14	6.0%	22	3.0%	60	3.9%	120	6.6%
九州	500	17.7%	43	14.0%	19	8.2%	135	18.4%	303	19.6%	228	12.5%
不明	1	0.0%	0	0.0%	0	0.0%	1	0.1%	0	0.0%	0	0.0%
合計	2817	100.0%	307	100.0%	232	100.0%	734	100.0%	1544	100.0%	1817	100.0%

『昭和7年4月現在 日本大学校友会会員名簿』
『東京文理科大学・東京高等師範学校・第一臨時教員養成所一覧 昭和7年度』より集計。

表5-2：東京市小学校教員の夜学通学者数
（昭和2年男性）

日本大学	433人	川端画学校	6人
東京物理学校	68人	明治大学	5人
中央大学	23人	二松学舎	5人
外国語学校	18人	早稲田大学	4人
東洋大学	16人	独逸語専修学校	3人
国民英学会	16人	社会教化学院	3人
正則英語学校	15人	青山師範学校	2人
法政大学	14人	専修大学	1人
立教大学	10人	アテネ・フランセ	1人
日進英語学校	9人	電気学校	1人
音楽学校	8人	豊島師範学校	1人

松田（1928, pp. 131－132）より作成。

比率が低く（4・4％、東京高師15・9％）、南関東が多い（20・5％、東京高師10・1％）。この傾向は時期によらず、おおむね一定であった。とくに東京とその近隣の出身が多いのは、「夜間授業という特異制を有することとて、東京市内外、近接各県の小学校教員など多数が入学した」（日本大学編　1982、pp. 321-322）[2]というように、大学近郊に勤務地のある教員が主な需要層であったためであろう。実際、昭和2年東京市学務部の調査「東京市男女小学校教員の夜学に通ひ修養しつゝある者の数」（表5-2）では、学校別で日本大学が433名と圧倒的に多かった。東京郊外の川崎についても次の指摘がある。「日本大学には早くから夜間の高等師範部が設置されていたため、ここに通う者が最も多かった。……昭和の前期の川崎市内の小学校という小学校には、夜間の高等師範部に通う教師が二人ないし三人は必ずいるようになった」（小塚　1964、p. 191）。

しかし、逆にこうもいえる。東京を本籍地とする者の比率は全体の7％程度、近接県を含めた南関東4県でも2割でしかない。残りの8割は地方出身者で占められていた。つまり、日大高師部に入学したのは、東京市内外の小学校教員を中心とする勤労者が多数を占めたと推測されるものの、もともとは地方から上京した者がほとんどであった。では、彼らが上京し入学に至るまでに、いかなる経緯があったのだろうか。

2.2. 入学に至るまでの経緯

大正期に入学したある地方出身者は、上京前の一時期の心境を次のように述べている。

> 私は小学校教員であるそれ自体については何の不満もなかった。しかしその頃の世間の眼からすれば、小学校の教員よりは中等学校の教員、更に高等学校の先生が偉いものであり、大学の先生とならば更に更に高

級なお偉方である。……事実師範学校新卒の教員が月給十七円で小学校長が三十円程度であるに対して、高等師範出の新卒教員は月給五十円と云う相場の時代なのである。これでは血の気の燃える若い教師には納まらない。顕在意識では理屈は分るが、潜在する意識下ではどうしても納得いかない日々である。……何とかこの悶々の情をほぐしたい。現状を打開して新しい局面を展開したいと、独り悶え悩む毎日であった（山本　1977、pp. 57–58）。【大正12年入学：大正4年今治中（愛媛）卒】

もともと本人は大正4年の中学卒業後、「貧乏故に上級のどこの学校へも入学させてくれ」（同右、p. 101）ず、代用教員としてしか生活の糧を得ることができなかった。同級生が進学、出世への階梯を進むなかで「たゞ自分だけが取り残された思い」（同右、p. 58）を抱き、「勉強したい。せめて中学校の教員資格をとりたい」（山本1967、p. 37）と進学の決意を固めている。その後、東京で教鞭を執っていた恩師の誘いに応じて上京し、私立小学校に勤務しながら日大高師部に入学している。

また、次のケースからも地位に対する不満とともに、上京遊学への憧れを動機として窺い知ることができる。

ことの次第では（引用者注：妻の実家にいる）妻子を引きとって養育もしなければならない。しかし今の四十五円の月給生活ではどうにもできない。この間にひとつ勉強して、自分の足りなかったところを補ない、今の日本の教育に対する平素の疑問を解決したい。それにはよい機会である。

自分はまだ二十三才の青年だ。勉強はこれからだ。無意味な苦悩はやめて、勉強し、家にたよらず、人にたよらず、ひとかどの人物となることが、与えられた道だ。よし四月には東京へ出よう。そして働きながら勉強しよう。東京には夜間の大学もあって、自由に勉学のできる道もある。一年先輩の堀田君も、今東京で昼は教師、夜は大学で勉強している……（片岡　１９５６、p. ２２２）。【昭和3年入学：大正8年福井師範卒】

このように、地方出身者の自伝を参照すると、多くが入学前に中学や師範卒業後、郷里の小学校にて勤務経験のあることが分かる。そして、その社会的地位に対する不満、経済的障壁のために閉ざされた上京遊学への憧憬が広く回想されているのである。確かに、師範学校の学校階梯上の閉塞的位置、明治後半以降に顕著になる経済的社会的地位の低下などに起因し、小学校教員には鬱屈、卑下された心性が内面化されていたとの指摘は多い（唐澤　１９５５、石戸谷　１９６７、陣内　１９８８など）。**図5-1**は統計がある大正後期以降の日大高師部と東京高師の入学時平均年齢である[3]。日大は東京高師よりも4～10歳ほど高く、20代半ばから後半であって、中等学校卒業後に直接接続する機関ではないことが分かる[4]。このギャップの時期に多くが小学校教員を経験し、その不遇を痛感するなかで、葛藤が生じていたものと考えられる。

図5-1：日大高師部・東京高師入学者平均年齢

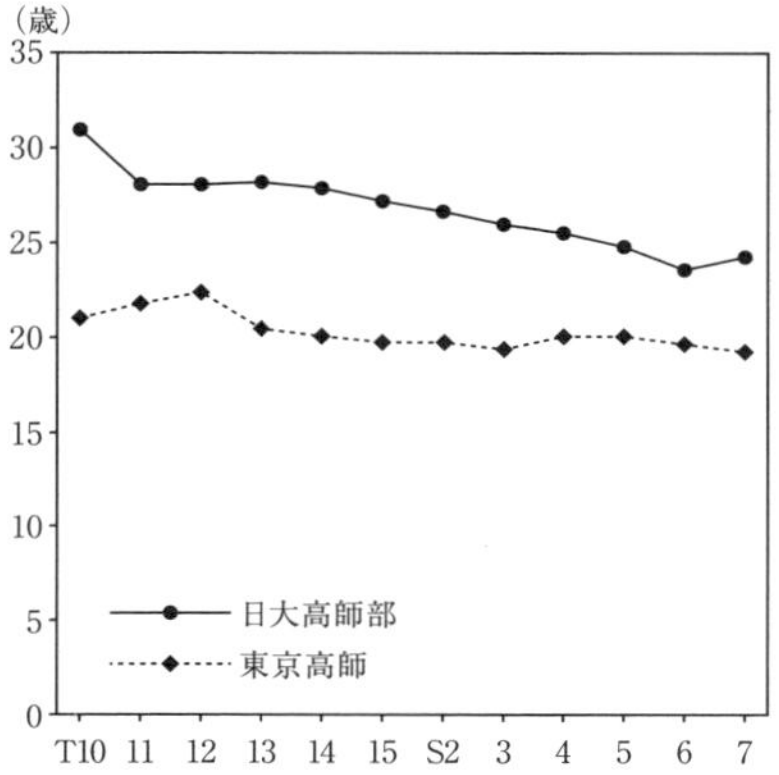

日大高師部は『学事統計綴（一）（二）』（日本大学広報部大学史編纂課所蔵）、東京高師は『文部省年報』各年度より作成。

小塚（１９６４、pp. １９１-１９２）によれば、夜間部通学のために、「全国各地の少壮有為な小学校教員が同一の志望をもって、東京あるいはその周辺に転入してきた数はかなりに多かったものと思われる」。実際、「東京は勉学に便なる為めや、家族の関係などで地方からの志望者が年々多く」（『教育週報』大正15年3月27日、7面）、「教員異動期を前にして全国各地より帝都の初等教育界に職を求めて殺到するもの夥しく」（同右、昭和8年3月18日、7面）、「来年度の東京市　教員七百名を輸入　累年の不足を他府県より」（同右、昭和13年2月12日、7面）と、たびたび小学校教員が大量に地方から上京する様子が報じられている。後に国語教育研究者となる滑川道夫【昭和9年入学】は、秋田での教員を辞して上京した当時を、次のように回想している。「そのころ地方から上京する青年たちの胸中には、明治的な立志勉学観が、そこはかとなしに動いていたように思い返される」（滑川　1982、p.102）。夜学入学前の彼らの内面に広く通底していたのは、立身出世的風潮のなかで埋もれていた「田舎青年の煩悶」（竹内　1997、p.139）であり、その反作用として再加熱された上京遊学欲求や上昇志向が背後にあったと考えられる。

3. 学生生活

3. 1. 在学時の通学事情

このように、日大高師部は地方からの上京者で、東京やその近郊で小学校等に勤務しながら通学していた者が多いと推測された。ある者は在学当時を「夜学は強い夢と意志の塊りで、熱気と殺気のようなものでむんむんしていた」（高橋　1988、pp.245-246）【昭和9年卒】と振り返るが、その通学の実態はいかなるものであったのだろうか。やはり、教員と学生という二足のわらじの生活は、多大な負担を伴うものであったことが、以下の記述から理解できる。

夜学の授業は六時から九時までの二駒《ママ》が基準であるが、学科によっては五時からとか、十時までかかることもある。遅いのは別に差支えないけれど、始業の早いのには閉口した。勤務が終ってから駈けつけるので、どうしても大幅の遅刻は避けられない。また学校の行事其の他で欠席を余儀なくされる場合もある。

そんな時は、友達からノートを借りて写したり、その先生の著書を購読して補わねばならなかった。

それでも普段は何んとかなるが、学年末のテストが始まると大変である。若い学生専門の連中は、昼の間勉強する時間が十分あるのだが、こちらは十時頃帰ってから寝るまでの時間しかない。それだけでは到底間に合わないから、テストの開始前に準備をしておく必要がある。

夜学に通っている六年間、新年を迎えて間もない頃から、三月半のテスト終了するまで、睡眠時間が、四時間～五時間になるので、体重が八kg～十kg位減量するのが例であった（佐々木　1988、pp.124-125）。【昭和6年入学】

昼の勤務が終えると、神田三崎町の校舎に駆けつける。休み時間に学生食堂で二十銭の食事をとる。授業が終わって吉祥寺の住家に帰ると十一時ごろであった。

最初のころはずいぶん疲労して、何度中退しようかと思ったかしれない。どんなに疲れていても、朝八時の朝礼には遅刻できない。そうした生活のなかで、日曜祝祭日ほどうれしい日はない。正午近くまで眠って活力を蓄える日である。夜学時代の休日ほどありがたさが身にしみる日は、その前後になかったような気がする。往復の電車の中でも、暇があれば仮眠をむさぼるのであった（滑川　1994、p.111）[5]。【昭和9年入学】

しかし、問題は時間的な制約や肉体的な疲弊にとどまらない。場合によっては、勤務校の校長や同僚との確執も生じうることが記されている。

都内にある学校に行くためには午後三時半から四時には、小学校を後にしなくてはならない。職員室で、新藤校長が「宮本さん！」と目配せをしてくれる。夜学に遅れないよう、早く行きなさい！という合図だ。同僚の手前もある。授業が終わったらすぐ、「はい、お先に」とは、なかなか言えないでもじもじしていると、また「宮本さん！時間だぞ。もういいよ。帰れよ！」と声を掛けてくれたものだ（金子　1996、p. 27）。

二人目の校長は決して悪い人ではなかったが、管理者として、午後の授業が終わったとたんに学校を後にしてしまう若い教師に対して、手放しで好意的ではなかった。私としては、日大の夜学で学ぶことが余りにも多く、毎日の講義が楽しくてたまらず、夜学通いに熱が入っていたので、つらい。少々いやな思いの日々が続いた（同右、p. 30）。【昭和12年入学】

例えば、「私の外に夜学に通っている仲間が三人おり、先輩も数人いたので、職場の理解は十分得られた」（佐々木　1988、p. 124）【昭和6年入学】といったケースはよいが、理解が得られない場合、勤務校での立場を危うくする可能性もあった。実際、夜学通いなどに熱を上げる教員に対しては、次のように評されることがあったという。「地方から上京する教員は単に教員生活をするのみでは満足せず、よい意味での野心たとえば何か獲物をと発憤している者がほとんどであるため、人によっては大事な本職である教員の職責に熱意が乏しく、お座なりに済ます輩もいて、獲物の前には山も見えない類いが居る……」（土師　1969、p.62）。さらに、苦学生活の指南書でも、地方から上京後の教員就職に際して、以下のようにアドバイスしている。「矢張り傍ら勉強すると云ふのをいやがる向が多いので、此の方面で就職するには最初からあまりアケスケに目的を言ふのはどんなものかと思ふ。小学校の教員をすると云ふのも、要するに自分としては手段に過ぎぬと云ふ心持を明かにしたら誰しも容認せぬであらう」（出口　1921、p.81）。事実、大正末には「地方出身の教員はその大部分が大都会に出て夜学勉強、或は他に脱線するまでの腰掛仕事として従事する傾のある」と、「教員の夜学勉強問題」（『教育週報』大正15年1月23日、7面）が東京市学務当局の懸念材料として誌上に報じられていた。

3.2. 退学者数

加えて、高師部は厳格な制度的特徴をもっていた。日大の大学学部、他の専門部が単位制であったのに対し、学年制を採用していた。さらに年間総授業時数の4分の3以上の出席が必須で、試験の折には文部省吏員に視察されたという（日本大学編　1982、p.321）。いずれも無試験検定の恩恵にあずかるための措置であったが、ある出身者は当時の試験を以下のように述べている。

> …一年に一度の試験は二十日間くらい続くが、もしこの期間に風邪をひいたり、何かの事情で欠席するようなことがあると、もう一年はじめからやり直しをしないと、かんじんの免許状がもらえなくなる。
> 四年生、六年生、七年生といった大先輩と机を並べるのは、こういう事情からであった（須藤　1983、p.2

20)。【昭和3年入学】

こうした状況であるから、在学中の脱落者は相当多かった。とくに明治の創設期、「此処で学ぶ学生は、昼間働いて夜間通学するという状態であるから、最初入学の際は、生徒の数が随分居たが二年、三年となると、漸次減少して、卒業まで居るものは、入学当時の四分の一か五分の一になって了うのが普通」(新井 1959、p.67)であったという。[6] 退学者数が公式に確認できるのは、管見の限り大正中期からである。東京高師とともにそれを示したのが図5-2となる。東京高師の退学者数は限定的であるが、日大の場合、変動が激しいものの100名を超す年度が大半で、300名に達することもあった。もちろん退学の直接的な理由は多様かつ複合的であろうが、昼間勤務という背後要因が大きく影響したことは間違いないだろう。

図5-2：日大高師部・東京高師退学者数

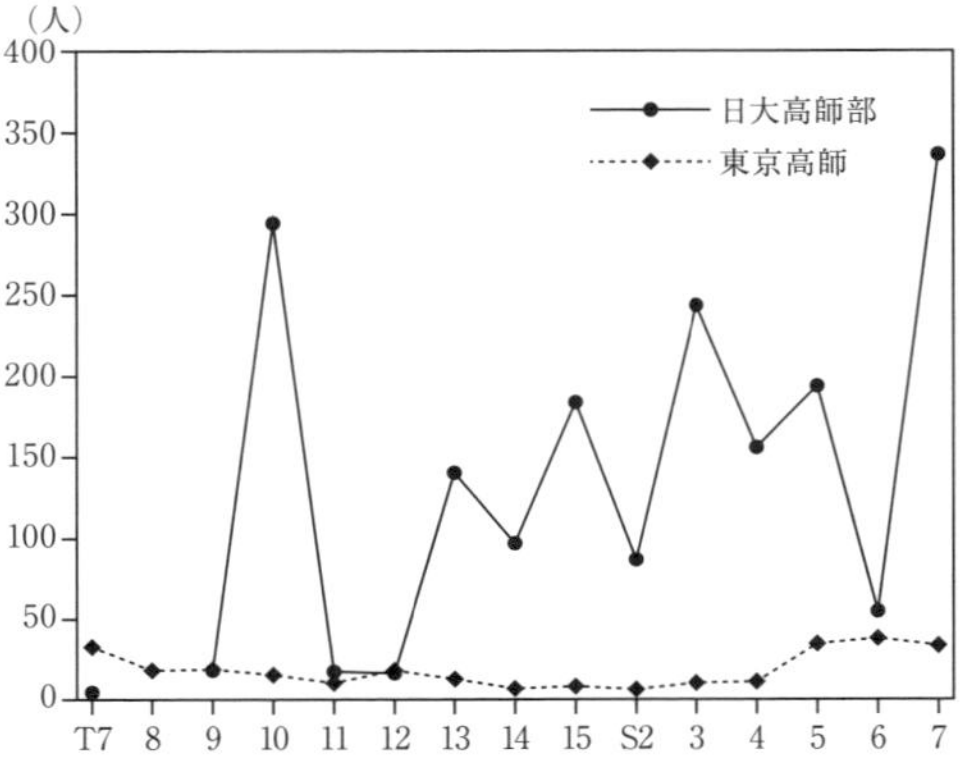

日大高師部は『東京府統計書』各年度［T8はデータなし、T11は『学事統計綴（一）』（日本大学広報部大学史編纂課所蔵）］、東京高師は『文部省年報』各年度より作成。

日大高師部の中等教員免許状付与率は、第2章で確認したとおり、数多くの卒業生が出始める大正後期以降、常に9割程度で、卒業にまで至れば無試験検定による免許取得は難しくなかった。しかし、それまでの学生生活で多数の者が退学していった。青雲の志を抱いて上京し入学を果たしても、在学中に挫折する者は相当数に及んでいたのである。[7]

4. 社会的配分

4.1. 卒業生の職業分布

では、苦難の末に卒業できたとして、日大高師部出身者は、実際に中等教員への就職が可能だったのだろうか。ここでは、大正中期（大正8年）と昭和初期（昭和7年）の2時点における日大高師部卒業生の職業分布を、東京高師のそれと比較しながら検証しよう。

まず、大正8年の状況であるが（表5-3）、教員の比率は全期間で55・4％と、高師（82・7％）とくらべて低い。世代別にみると、明治期卒業（Ⅰ）の教員比率は41・2％でしかないが、第Ⅱ世代では73・5％となり、徐々に教員輩出機能が強まっていくといえる。ただし全体での内訳をみると、中等教員は15・6％でしかない。東京高師は4分の3（73・8％）を占めており、大きくかけ離れている。一方、小学校教員が約1割（9・9％）おり、高師（1・7％）に比べ無視できない数になっている。ただ、大正7年の名簿では、勤務校の判明し

表5-3：日大高師部・東京高師出身者の職業分布（大正8年）

	日大高師部						東京高師	
	全　体		Ⅰ(M37−45卒)		Ⅱ(T2−8卒)		全　体	
教員	185	55.4%	77	41.2%	108	73.5%	684	82.7%
高校･専門･大学	4	(1.2%)	4	(2.1%)	0	(0.0%)	31	(3.7%)
中等学校	52	(15.6%)	32	(17.1%)	20	(13.6%)	610	(73.8%)
小学校	33	(9.9%)	19	(10.2%)	14	(9.5%)	14	(1.7%)
その他学校	13	(3.9%)	7	(3.7%)	6	(4.1%)	2	(0.2%)
外地の学校	6	(1.8%)	5	(2.7%)	1	(0.7%)	27	(3.3%)
学校不明	77	(23.1%)	10	(5.3%)	67	(45.6%)	0	(0.0%)
会社員	59	17.7%	36	19.3%	23	15.6%	21	2.5%
官庁	46	13.8%	36	19.3%	10	6.8%	41	5.0%
法曹	8	2.4%	7	3.7%	1	0.7%	0	0.0%
学生	6	1.8%	4	2.1%	2	1.4%	67	8.1%
その他	30	9.0%	27	14.4%	3	2.0%	14	1.7%
計	334	100.0%	187	100.0%	147	100.0%	827	100.0%
死　亡	28		24		4		55	
不　明	177		96		81		43	
総　計	539		307		232		925	

『日本大学校友会々員名簿 大正8年9月現在』『東京高等師範学校一覧 大正8年4月至大正9年3月』より集計。

ない「学校不明」者（77名）が多い点に留意すべきである。

次に、昭和7年の状況をみよう（表5-4）。全体の教員比率は83・5％と、大正8年から上昇し、教員の輩出が主たる機能となったといえる。しかし、中等教員は28・3％でしかなく、一方で、小学校教員がほぼ5割（50・8％）と職業分布のなかで最も多い。ただ、卒業年代ごとにみると、第Ⅲ世代（大正後期）の中等教員比率が高く（50・5％）、逆に小学校は少ない（34・9％）ことが分かる。この時期の卒業生は「各府県中等学校続出の爲めに教員の不足からやつぱり飛ぶ様に売れて行く」（『日本大学新聞』第51号、大正13年12月20日、3面）状況で、中等教員への就職が比較的容易であったためと考えられる。ところが、昭和に入って就職状況に暗雲が立ちこめ（「高師部も今年は楽観できぬ」『日本大学新聞』第148号、昭和5年2月20日、3面）、ある卒業生【昭和7年卒】によれば中等教員の就職に際し、「同郷の先輩のつてゞ、文部督学官にご紹介いただきましたが、『帝大卒業しても就職できず無給でもとどこかの教員にと頼まれているが、履歴書も埃のままだ』と駄目でした」（近藤　1977、pp. 149-150）と厳しくなる。もちろん、卒業間もないこの世代（Ⅳ）は将来中等教員に移動する可能性も大いにあろうが、小学校教員の比率が64・2％と突出している。

このように時期による相違こそあれ、東京高師に比して、夜間の日大高師部は中等教員の配分機能が弱く、小学校教員が多かった。また第4章でみたように、早大高師部出身者の職業分布は、大正・昭和を通じて中等教員が全体の7割程度を占めたが、小学校教員は1％前後でしかなかった。つまり、昼間部の私学高師部と比べても、同様のことがいえるのである。

表5-4：日大高師部・東京高師出身者の職業分布（昭和7年）

	日大高師部										東京高師	
	全　体		Ⅰ(M37-45卒)		Ⅱ(T2-8卒)		Ⅲ(T9-15卒)		Ⅳ(S2-6卒)		全　体	
教員	1106	83.5%	37	39.8%	78	70.3%	342	90.5%	649	85.8%	1216	81.3%
高校・専門・大学	11	(0.8%)	3	(3.2%)	2	(1.8%)	3	(0.8%)	3	(0.4%)	173	(11.6%)
中等学校	375	(28.3%)	19	(20.4%)	22	(19.8%)	191	(50.5%)	143	(18.9%)	912	(61.0%)
小学校	673	(50.8%)	7	(7.5%)	49	(44.1%)	132	(34.9%)	485	(64.2%)	16	(1.1%)
その他学校	23	(1.7%)	3	(3.2%)	3	(2.7%)	7	(1.9%)	10	(1.3%)	9	(0.6%)
外地の学校	24	(1.8%)	5	(5.4%)	2	(1.8%)	9	(2.4%)	8	(1.1%)	106	(7.1%)
会社員	31	2.3%	9	9.7%	7	6.3%	4	1.1%	11	1.5%	48	3.2%
官庁	108	8.2%	15	16.1%	8	7.2%	18	4.8%	67	8.9%	67	4.5%
法曹	25	1.9%	7	7.5%	10	9.0%	7	1.9%	1	0.1%	11	0.7%
学生	4	0.3%	0	0.0%	0	0.0%	1	0.3%	3	0.4%	132	8.8%
その他	51	3.8%	25	26.9%	8	7.2%	6	1.6%	25	3.3%	22	1.5%
計	1325	100.0%	93	100.0%	111	100.0%	378	100.0%	756	100.0%	1496	100.0%
死　亡	78		46		12		12		8		171	
不　明	1414		181		109		344		780		150	
総　計	2817		307		232		734		1544		1817	

『昭和7年4月現在 日本大学校友会会員名簿』
『東京文理科大学・東京高等師範学校・第一臨時教員養成所一覧 昭和7年度』より集計。

表5-5：日大高師部・東京高師出身教員の移動傾向（大正8・昭和7年）

		大正8年						昭和7年					
		日大高師部			東京高師			日大高師部			東京高師		
地域移動													
帰郷者	中等教員	19	36.5%	(52)	136	22.3%	(610)	114	30.4%	(375)	215	23.6%	(912)
	小学校教員	10	30.3%	(33)	3	21.4%	(14)	99	14.7%	(673)	4	25.0%	(16)
東京在勤者	中等教員	7	13.5%	(52)	38	6.2%	(610)	98	26.1%	(375)	102	11.2%	(912)
	小学校教員	26	78.8%	(33)	5	35.7%	(14)	603	89.6%	(673)	9	56.3%	(16)
上昇移動													
校長昇進者	中等教員	2	3.8%	(52)	33	5.4%	(610)	14	3.7%	(375)	232	25.4%	(912)
	小学校教員	23	69.7%	(33)	7	50.0%	(14)	49	7.3%	(673)	10	62.5%	(16)

『日本大学校友会々員名簿 大正8年9月現在』『東京高等師範学校一覧 大正8年4月至大正9年3月』『昭和7年4月現在 日本大学校友会会員名簿』『東京文理科大学・東京高等師範学校・第一臨時教員養成所一覧 昭和７年度』より集計。

4.2. 教員としての移動傾向

続いて、職業分布のうち小学校教員、中等教員に対象を限定し、日大高師部出身教員の地域移動と校長への昇進（上昇移動）機会に着目して、その傾向を検証しよう。表5-5は大正8年と昭和7年時点における帰郷者（本籍地と勤務地の道府県が同じ）、東京在勤者、校長昇進者を集計し、全教員数に占めるその比率を勤務校別に算出したものである。

まず帰郷率について、日大高師部出身の中等教員は大正8年で36・5％、昭和7年が30・4％と、東京高師のそれぞれ2割強に比べてやや高くなっている。一方、小学校教員の場合、大正8年は30・3％であるものの、人数の多い昭和7年では14・7％でしかない。次に、東京在勤者は、中等教員においては大正8年で13・5％、昭和7年で26・1％であるが、小学校教員となるとそれぞれ約8割（78・8％）、9割（89・6％）ときわめて高い比率を示している。最後に、校長の昇進者は、中等教員ではキャリアの短い大正8年時には大差ないが、昭和7年になると東京高師の25・4％に対して、日大高師部は3・7％でしかない。ただし、小学校の校長は大正8年に69・7％と高い比率を示している。中等教員免許の取得が小学校長への昇進に影響した可能性はあるとはいえ、[8] 昭和7年には7・3％と大幅に低下しており、この点はさらなる検討を要するであろう。

こうしてみると、日大高師部出身の教員キャリアの特徴は、中等教員に関しては帰郷率がやや高い一方、校長への昇進機会は限られていた点といえる。そして、小学校教員については、東京に勤務する者が8〜9割と、そのほとんどが卒業後も東京に留まっていたことを指摘できる。

5. まとめ

以上、一校の事例ではあるが、私学夜間部における中等教員養成機関の機能について検証してきた。最後に、分析結果をふまえつつ、考察しておきたい。

自然主義文学の田山花袋は、明治後半の小学校教員をモチーフとした『田舎教師』（明治42年）について、その中心は「志を抱いて田舎に埋れて行く多くの青年たちと、事業を成し得ずに亡びて行くさびしい多くの心」（田山　1981、p. 252）にあると評した。昭和初頭に発表された山本有三『波』（昭和4年）でも、主人公である小学校教員の内面が次のように綴られている。「彼は一生小学校の教員で終わりたくなかった。せめて、中等教員の免状ぐらいは取っておきたかった。……で、今までも、わずかな時間と費用とをさいて、こつこつ勉強していたのだった。今度、進（引用者注：息子）の里ぶちの金が浮けば、夜学にもかよえる、と彼は思った」（山本　1954、p. 161）。確かに、上級学校進学が許されなかった低位の出身階層、師範学校の閉塞的位置、地域への埋没を余儀なくされた移動の閉鎖性など、明治以降の日本の小学校は「挫折した青年の収容所であり、フラストレーション地帯」（石戸谷　1967、p. 331）であり続けた[9]。夜間の私学高師部は、地方小学校教員の一度は断念せざるを得なかった上京進学欲求や社会的上昇志向を再加熱し、かつそれらの受け皿として機能したといえる[10]。

一方、小学校教員を経験しつつ、中等教員免許の取得をめざした者が多いという点では、文検も同等であった（寺﨑・「文検」研究会編　1997）。ただ、独学による文検と決定的に異なるのは、夜学にはスクーリングと地域移動（上京）が伴ったことである。竹内（1997、pp. 146-147）はスクーリングそのものに、勉強立身価値のメッセージと都市文化への憧憬という「隠れたカリキュラム」が含まれていたと指摘する。また、上京は立身出世的価値に必然的に付随する地域移動の型でもあった（Kinmonth訳書　1995、竹内　1997）。ある日大高師部出身者によれば、「明治生まれの農村育ちの人間らしく、立志のあと私は少年期から苦学に苦学を重ね、あこがれの東京に出た。東京は私ども少年にとって一大人間劇場、夢の劇場であった」（高橋　1988、p.245）【昭和9年入学】。夜間の養成機関は単に免許の取得のみならず、離郷して都市でのスクーリング（高等教育）を享受したいという、上京遊学への憧れを強く内面化していた者を吸収した点で、文検とは異なる特性を有していたと思われる。

しかし、入学後は退学者が続出し、また卒業生は小学校教員が多く、中等教員への移動は必ずしも保証されていなかった。その意味では、加熱した上昇志向を冷却する機能も持ち合わせていたといえる。[11] そして、小学校教員としては帰郷せずに、卒業後もそのほとんどが東京に留まっていた。実際、大正期以降、東京は慢性的に小学校教員が不足していたとされる（竹村　1989）。例えば、大正15年東京市立小学校教員の東京出身者の比率は21・8％（99名）でしかなく、「殆んど全国の教員展覧会の概」と、地方から大量の教員が流入していた（松田　1928、pp.127-129）。とすれば、私学夜間部における中等教員養成機関の機能として、地方青年の誘因となり、結果的に大都市部の初等教員供給に貢献した点を含めることもできよう。

〈注〉

(1)その他の主要な夜間高師部の無試験検定許可年は、東京物理学校が大正6年、立正大学、法政大学が昭和3年と大正以降である（船寄・無試験検定研究会編　２００５）。

(2)また、夜間の立正大学高師科についても、昭和5年の卒業生は、「大部分の人たちは小学校の先生であり、中学からストレートにきた人は20%位であったようである」（山口　１９７６、pp. １１５-１１９）と回顧している。

(3)『学事統計綴』には学科ごとの平均年齢のみ記されていたため、各学科の入学者数に基づき全体の平均値を算出した。なお、最少と最長年齢も掲載されていたが、ほとんどの年で最少は10代後半、最長は30代後半から50代であった。すなわち、中等学校卒業後に直接進学した者や、相当キャリアを積んでいた者も含まれていたことになる。

(4)とくに、師範学校卒の小学校教員は服務義務年限という容易に退職できない事情が、入学年齢を高める一因となっていた可能性がある。例えば、地方の師範出身小学校教員が上京する際の手続きについて、次のように述べられている。「当時の師範学校は給費制であったため、卒業後、四年半の義務年限というものでしばられていた。もし、その年限内に教員をやめれば給費を弁償しなければならなかった。（官立の教員養成機関に入学する場合はかまわない）日大高師部はもちろん私立大学だから、めんどうくさい問題もあったが、ここを卒業したら、山形県に帰って、残りの二年半の義務年限を必ず果たしますという誓約書をかいて許可してもらった」（須藤　１９６７、p. 27）。【昭和3年入学】

(5)同じ夜間部の立正大学高師科でも同様の状況であったことが、以下の出身者の回想から窺える。「出席が厳しく、事務室の前に名札が出ていて、登校すると赤字を黒字に返した。不正が行われないように、監視の職員が目を光らせていた。午後5時半から9時半まで、授業時間がぎっしりつまっていたので、昼間職に就いている者はつらかった。健康と忍耐と努力がひどく要求された。そのため中途で落伍する者が多く、卒業したのは3分の2に過ぎなかった」（大槻　１９８５、p. １５５）。【昭和3年立正大高師科入学】

(6)そもそも、「高等師範部に入学したのであつたが、間もなく自分の在職せる学校に、東京市に於ける始めての特殊夜学校が出来て、自分が同夜学校長を兼ぬる身となつたので、止むを得ず之を止めてしまつた」（石山　１９３０、p. １０

4）【明治38年入学】と、勤務校の都合で学業を断念せざるを得ない者もいた。
（7）同じく夜間部であった東京物理学校の卒業生【大正13年卒】も、同様のことを指摘している。「青雲の志を抱いて地方から笈を負って東京に遊学する先生方は、大抵伝てを求めて市内の小学校に勤務し、昼は先生として職務にはげみ、夜は私立大学の高等師範部の学生となって勉強する。いはば二重生活をするわけである。これは中々困難な仕事である。精神的には校長先生や同僚の先生方に気兼ねをする。夜学に行くので、昼間の勤務がおろそかになりはしないかと勘ぐられるがいやさに、人一倍職務にはげまなければならぬ。職員会や遠足や運動会には、自然夜学の始業時間に遅れる。その上肉体的には二人分の労働を余儀なくされる。その上卒業はさせて貰っても、成績が悪いと、無試験検定の申請をして頂けない」（岩下　１９７０、p．２３１）。
（8）例えば、夜間の高師科を有した立正大学において、ある卒業生は、大部分の入学者が小学校の教員であったと回顧した上で、卒業後の勤務先として同じ小学校教員が多い理由を、「上級免許状を握ってその資格を高め、小学校における地位の向上をねらっていた人が多かったため」（山口　１９７６、p．１１６）と評している。実際に、卒業後に小学校長となった日大高師部出身者として、校友会雑誌『不挟会報』に次の記事がある。「君（引用者注：大正7年3月卒）は宮城県師範学校を明治四十一年に出て、長らく郷党子弟の薫陶に力めて居られたが、翻然出京神田錦華小学校へ奉職の傍ら、我高等師範部に学ばれ、遂に首席の栄誉を担つて卒業せられ、間もなく猿江小学校長とな」った（無署名　１９３０、p．20）。
（9）明治後期から大正初めにかけて発行された雑誌『成功』は、家計の事情等で教育を介した上昇移動が困難であった近代青年を広く読者層としたが、その読者の職業で最も多かったのは小学校教員であった（雨田　１９８８）。
（10）障害児教育の実践者となる結城捨次郎は、石川での教員生活を経て上京し、日大高師部を大正15年に卒業している。彼の伝記を記した杉浦守邦によれば、「東京は2つの魅力があった」とし、「働きながら学ぶことの出来る夜間の学校がたくさんあること」とともに、「給与が高いこと」を挙げ、「昭和6年当時のことであるが、石川県で小学校教員の初任給45円の時、東京では50円であった」（杉浦　１９９１、p．12）という。確かに、小学校教員の平均月俸額を全国平均と比較すると（図5-3）、明治から昭和に至るまでいずれも東京が上回っている。同じ小学校教員でも、東京における給与の高さが地方青年を誘引する一因であったとも推測できる。

(11) もちろん、すべての夜学の中等教員養成機関入学者が社会的上昇移動を動機としていたわけではないだろう。「学問に対する強い情熱に燃え、よい先生について、高い教養を得よう」（原沢　1979、p.167）【昭和3年入学】、「私の上京は、青雲の志云々でもなく、都会に憧れたわけでもない。只何か修養を身につけたいと思った位であった」（垣　1977、前がき）【昭和6年法大高師部卒】と、自己修養という側面も多分に含まれていたと思われる。この点は文検も同様であった（寺崎・「文検」研究会編　1997）。

図5-3：小学校教員の平均月俸額
（東京・全国平均）

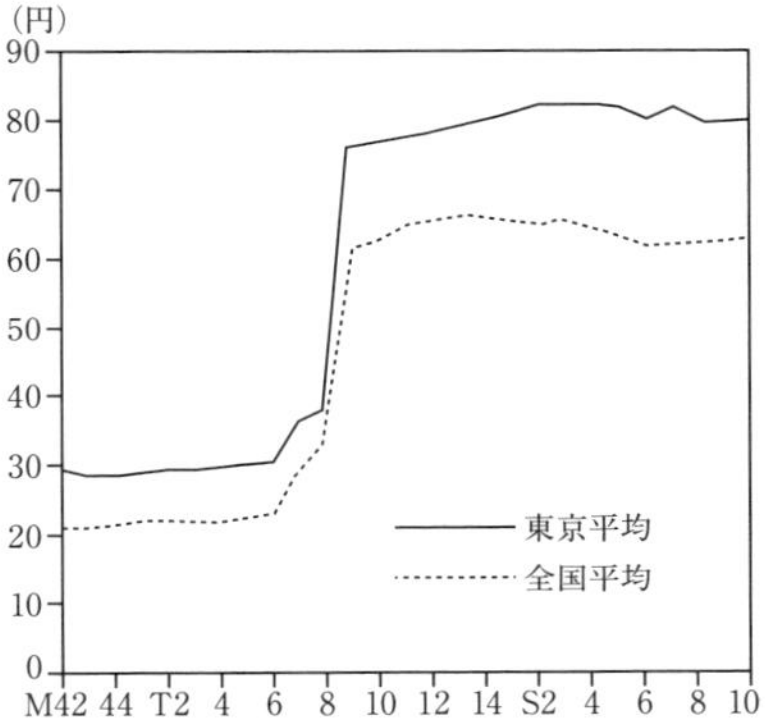

『文部省年報』各年度より作成。
注：小学校本科正教員の金額。

第6章

昭和初期4私学の教員養成機能に関する総合的分析

――帝国大学・高等師範学校・臨時教員養成所との比較――

1．はじめに

1．1．本章の課題

さて、第4章と第5章では早大と日大の高師部に焦点をあて、正系の養成機関である東京高師との比較から、私学出身者の社会的軌道、教員キャリアについて詳細に検証した。いずれも昼間部、夜間部の代表的事例として取り上げたが、私学の多様性を考えると十分とはいえない。すなわち、早稲田のように早くから総合大学を志向した私学がある一方で、単科大学の存在も看過できない。また、高師部のような目的的な教員養成のセクション以外にも、実質的に教員養成を主たる機能としていた文学部も存在していた（橋本 1996）。そして大正7年の大学令に基づいて昇格した私学は、文学部を大学段階に、高師部を従来通りの専門学校段階に位置づけており、こうした制度間、学部間の相違が、出身者のキャリアに影響を及ぼした可能性も否定できない。

これらをふまえ、本章では、早大高師部、日大高師部に加えて、早大文学部、国学院大学文学部・高師部、青山学院高等学部を分析の対象とし、昭和初期における私学出身の教員キャリアを、主に数量的に検証する。また、私学出身者の特徴をより一層浮き彫りにするため、東京高師のみならず、官立学校、すなわち同じ東京に所在していた東京帝大、第一臨時教員養成所（以下、第一臨教）の卒業生を比較対象に加える。これにより、私学の多様性をふまえた検証が可能になるとともに、複数の官学ルートを含めたことで、階層的な教員社会における私学出身中等教員のキャリアの特徴を総合的に分析できる。具体的に、本章では養成機関ごとに、教職者全体に占める中等教員の割合、勤務校の校種や規模について明らかにしていく。さらに、職階移動、地域移動といった教員社会での移動傾向についても検討を行う。以上により、昭和初期という一時点ではあるものの、私学の教員養成機能のありようを、複数の養成機関との比較から、明らかにすることがねらいである。

1.2. 対象校選定の理由と対象の時期

数多くの私学が存在するなか、4校を選定した理由に触れておかなければならない。まず、数量的にキャリアを検討する上で、やはり長期間にわたって卒業生教員を捕捉し、必要に応じ世代間の動向の相違を確認したい。早大、日大と同様、本章で新たに取り上げる国学院大学、青山学院も、私学としては最も早い明治30年代前半に無試験検定が許可された学校である。[1] したがって、古い世代の卒業生までサンプルに含むことができる。

また、私学の多様性という点からも、この4校が適当であると判断した。天野（2002、pp. 201-202）は、私学をその起源から三つにグループ化している。一つは宗教系である。例えば、国学院は神官養成を目的の一つとした、神道系の皇典講究所を源流としている。また、青山学院はミッション系私学で最も早く中等教員無試験検定を許可された学校である。[2] 次のグループは、法学系を中心とする職業教育のための専門学校群である。明治、法政、中央などとともに、日本大学はこのグループに属する。最後のグループは、大学への志向性が高く、独自の理念を掲げて出発した私学である。慶応、同志社と並んで、早稲田がこれに該当する。すなわち、本章で選定した私学は、以上三つのカテゴリにそれぞれ対応することになり、私学の多様性を考慮に入れた上での分析が可能となる。

さらに、早稲田、日大はもちろん、国学院、青山学院ともに高師部（青山学院は高等学部英語師範科）を設置していた。つまり、社会的機能として教員養成を重視していた私学と考えられ、実際に数多くの中等教員を輩出していた。よって、サンプル数の確保という点でも好都合である。[3]

もちろんこの4校によって、私学の代表性という問題を完全にクリアできているわけではない。ただし、早期から中等教員の輩出を一定の社会的機能として確立し、なおかつ多様性を考慮に入れた学校群という点で、本章における分析枠組の重要な軸を満たしていると考えられる。

さて、対象時期である昭和初期の状況を簡単に触れておこう。大正期には中等教育が急速に拡大して教員が恒常的に不足していたため、大正後期以降、私学の養成機関は定員を増やすとともに、新たな機関が設置されていった。その結果、昭和初期には中等教員養成機関の制度的構造（図序-1）が実質的に体を成していた。つまり、私学が一定の教員数を輩出するようになっており、キャリアを量的に把握しようとする本章のねらいにおいて、適した時期と考えられる。

1．3．資料の性格

本章で用いる資料は、中等教員を輩出した東京の私立または官立高等教育機関の、昭和初期における校友会・卒業生名簿である。出典については以下の通りである。また、（ ）内は名簿作成の時期を示している。

○私立高等教育機関

・国学院大学文学部・高師部出身者：

国学院大学『国学院大学院友会会員名簿』（昭和3年10月現在）

・青山学院高等学部出身者：

青山学院校友会『青山学院校友会会員名簿』（昭和5年11月現在）

・日本大学高師部出身者：

日本大学校友会『日本大学校友会会員名簿』（昭和3年6月現在）

・早稲田大学文学部・高師部出身者：

早稲田大学校友会『会員名簿　昭和4年度』（昭和3年11月現在）

○官立高等教育機関

・東京帝大文学部出身者：

学士会『会員氏名録　昭和4年用』（昭和3年9月現在）

・東京高師出身者・第一臨教出身者：

東京高等師範学校『東京高等師範学校・第一臨時教員養成所一覧　自昭和二年四月至昭和三年三月』（東京高師：昭和2年8月現在、第一臨教：昭和2年6月現在）

以上、基本的には昭和3年時点の名簿を利用している。昭和3年の名簿を入手できなかった青山学院は昭和5年、東京高師、第一臨教は昭和2年のものを代用している。そのため、結果に誤差が生じる可能性はある。また、私学が中等教員免許を得た教員を輩出するようになる明治30年代後半（明治37年）から、昭和初期（昭和3年）までの卒業生を集計した[4]。さらに、これらの私学がすべて文系であるため、東京帝大は文学部、東京高師と第一臨教は文系学科の出身者のみを抽出した。

2. 教職全体に占める中等教員の割合

各出身者において、就職先としての教職全体に占める中等教員の割合は、どれほどだったのだろうか。表6-1は、学校段階別の教員数とその比率を集計したものである。

結果をみると、すべての私学において、中等教員が6~9割と最も高い割合を示している。ただし、詳細にみていくと、私学の中でも違いが存在している。まず、文学部出身者の高等教員比率の高さである。とくに早大文学部（17.5%）は、東京帝大出身者（61.6%）には遠く及ばないけれども、東京高師出身者（9.0%）よりも高い。国学院文学部（6.6%）も、高師部と比べると高率である。私学の文学部は、若干とはいえ、高等教員を輩出する機能をもっていたといえる[5]。もう1点、私学の中で特徴的なのは、第5章でみたとおり、日大の高師部である。中等教員の割合が6割弱と他と比べて低く、約3割が小学校教員となっている。

このように、私学の機能には、いくつかのヴァリエーションがあったといえる。文学部では高等教育の教員が、夜間の高師部では小学校教員が卒業生に多かった。しかし、昭和初頭において、輩出する教員

表6-1：中等教員養成機関卒業生の学校段階別教員数

		高等教育		中等教育		初等教育		その他学校		外地の学校		計
私学												
早稲田	文学部	106	17.5%	445	73.4%	6	1.0%	33	5.4%	16	2.6%	606
	高師部	25	2.7%	831	89.3%	1	0.1%	14	1.5%	60	6.4%	931
国学院	文学部	14	6.6%	181	85.4%	0	0.0%	5	2.4%	12	5.7%	212
	高師部	15	1.8%	743	87.2%	2	0.2%	19	2.2%	73	8.6%	852
日本大	高師部	5	2.0%	146	59.8%	75	30.7%	9	3.7%	9	3.7%	244
青山学院	高等学部	17	5.1%	270	81.3%	2	0.6%	29	8.7%	14	4.2%	332
官学												
東京帝大	文学部	618	61.6%	294	29.3%	3	0.3%	11	1.1%	77	7.7%	1003
東京高師	文系学科	92	9.0%	819	80.0%	14	1.4%	8	0.8%	91	8.9%	1024
第一臨教	文系学科	0	0.0%	200	93.0%	1	0.5%	2	0.9%	12	5.6%	215

出典は本文に明記。

の中心はいずれの私学であっても、中等教員であることは共通していた。

3．勤務先の中等学校

3．1．勤務先の中等学校所在地

次に、私学出身者が勤務した中等学校はいかなる学校であったのか、それは官学出身者と比べて相違があったのかを確認しておこう。表6–2は勤務した中等学校の所在地を集計したものである。

さて、教員として望ましい就職地としては都市部、とくに出身養成機関が位置した東京が考えられるが、最も多かったのは日大高師部（24・0％）である。その次に、国学院文学部（17・7％）、早大文学部（13・5％）が続く。つまり、この昭和初期では、私学も数多くの東京在勤の中等教員を輩出していたことになる。一方、地方の状況についてみると、それほど大きな特徴がみいだせなかった。地域別にみた場合、総じて、教員の分布は平準化されていたと考えられる。

表6-2：中等教員養成機関卒業生の地域別勤務先中等学校

		北海道	東北	関東(うち東京)	中部	近畿	中国	四国	九州	(実数)
私学										
早稲田	文学部	3.4%	7.2%	23.1% (13.5%)	20.4%	14.8%	10.6%	5.2%	15.3%	(445)
	高師部	3.5%	8.2%	19.7% (7.0%)	22.1%	11.9%	10.6%	6.0%	17.9%	(831)
国学院	文学部	2.8%	6.6%	28.7% (17.7%)	29.3%	8.8%	7.7%	3.9%	12.2%	(181)
	高師部	2.6%	10.8%	17.9% (5.9%)	20.9%	11.8%	9.4%	5.1%	21.5%	(743)
日本大	高師部	7.5%	11.0%	34.9% (24.0%)	9.6%	9.6%	6.8%	4.1%	16.4%	(146)
青山学院	高等学部	2.6%	5.9%	28.1% (8.1%)	25.2%	11.1%	8.1%	3.3%	15.6%	(270)
官学										
東京帝大	文学部	0.0%	12.2%	21.8% (10.9%)	22.4%	7.5%	12.9%	4.8%	18.4%	(294)
東京高師	文系学科	2.2%	7.3%	26.1% (12.6%)	21.4%	19.0%	6.3%	4.8%	12.8%	(819)
第一臨教	文系学科	4.5%	12.5%	20.5% (3.0%)	21.0%	10.0%	9.0%	4.5%	18.0%	(200)

出典は本文に明記。

3.2. 勤務先の中等学校種

続いて、勤務していた中等学校の種別を確認しよう。表6-3は、各養成機関の出身者がどの種の中等学校に在職していたかを示したものである。

さて、いずれの私学出身者も中学校での勤務が最も多く、これは官学と同様である。ただし異なるのは、実業学校教員の割合である。官立学校出身者は、実業学校勤務が5%に満たないのに対し、多くの私学で約2割を占めていた。一方で、師範学校は東京高師出身者の割合が高いが(28.8%)、私学のほとんどが1割に満たない。

第4章の早大高師部の事例でみたような、実業学校が多く、師範学校が少ないという傾向は、文学部を含めても、また対象校を増やしても同様の結果であった。こうした実業学校の教員需要を積極的に充足したのが、私学の一つの大きな役割であった点が改めて実証された。逆に、師範学校の教員になることは、いずれの私学出身者においても難しかったのである。

3.3. 勤務先中学校・高等女学校の学校歴・規模

さて、表6-3から分かるように、中学校・高等女学校に関しては、

表6-3：中等教員養成機関卒業生の中等学校種別教員数

		師範学校		中学校		高等女学校		実業学校		計
私学										
早稲田	文学部	19	4.3%	271	60.9%	69	15.5%	86	19.3%	445
	高師部	26	3.1%	467	56.2%	159	19.1%	179	21.5%	831
国学院	文学部	13	7.2%	104	57.5%	42	23.2%	22	12.2%	181
	高師部	22	3.0%	379	51.0%	172	23.1%	170	22.9%	743
日本大	高師部	15	10.3%	64	43.8%	34	23.3%	33	22.6%	146
青山学院	高等学部	4	1.5%	179	66.3%	20	7.4%	67	24.8%	270
官学										
東京帝大	文学部	43	14.6%	177	60.2%	66	22.4%	8	2.7%	294
東京高師	文系学科	236	28.8%	409	49.9%	155	18.9%	19	2.3%	819
第一臨教	文系学科	22	11.0%	140	70.0%	30	15.0%	8	4.0%	200

出典は本文に明記。

すべての学校出身者に一定数の教員が存在していた。

それでは、勤務していた中学校・高等女学校自体に違いはみられるのだろうか。両校種における勤務校の学校歴と規模を確認しておこう。図6-1、図6-2は、昭和3年時点の各中学校・高等女学校について、開校年と生徒数から、「学校歴」(新設校・中堅校・伝統校)、「学校規模」(小規模校・中規模校・大規模校)という指標を設定し、各学校出身者の在職校に差異がみられるかを検証したものである。

まず図6-1から、私学出身者の在職中学校は、学校歴の伝統校が35~45%程度、学校規模の大規模校が45~60%程度となっている。私学のなかでは、日大の高師部が伝統校(46・9%)、大規模校(60・9%)に若干偏る傾向が強いが、他はそれほど大きな違いはみられない。これに対して、東京帝大は両指標とも約50%であるが、東京高師、第一臨教については、それぞれ伝統校が31・8%、32・1%、大規模校が43・8%、28・6%でしかない。いずれの私学も、東京高師より威信の

図6-1：中等教員養成機関卒業生における在職中学校の学校歴・規模

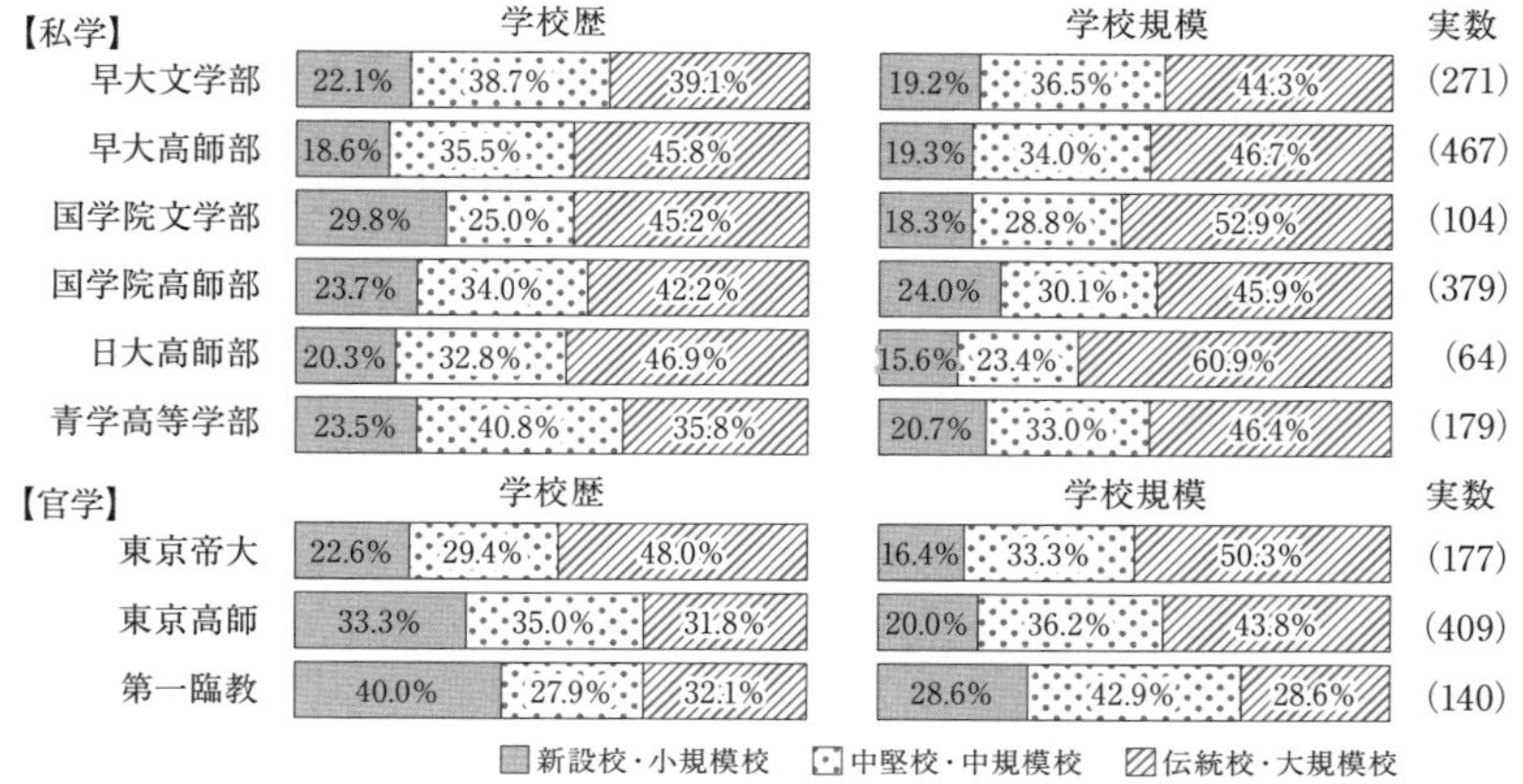

出典は本文に明記。

注：「学校歴」については文部省『全国中学校に関する調査』昭和3年度に基づき、全中学校を開校年の古い順に並べ、その上位3分の1を「伝統校」、次の3分の1を「中堅校」、最後の3分の1を「新設校」とした。「学校規模」も『文部省年報』各年度により、生徒数の多い上位3分の1を「大規模校」とし、順に「中規模校」、「小規模校」と設定している。

高い伝統校、大規模校に勤務していた状況をみてとれる。

また、図6-2の高等女学校をみると、私学出身者は伝統校に45~75%程度、大規模校に40~60%程度属していた。一方、東京帝大の場合、伝統校（81・8%）、大規模校（74・2%）の割合が明らかに高い。ただし、私学出身者は東京高師や第一臨教と比べると、学校規模では若干劣るものの、それほど差異があるようには思われない。

『早稲田大学百年史』には、「明治大正期では教員の就職先きがあってもそれは官学出身の絶対に赴任しないような辺鄙なところ僻阪《ママ》の地でしかなかった」（早稲田大学大学史編集所編　1990、p.872）とある。しかし、少なくともこの昭和初期には、先にみたように、私学出身者でも東京に勤務した者が多く存在し、伝統校や大規模校でも一定数教鞭をとっていた。つまり、帝大は別にしても、高師出身者と比較して、明確な差があったとは考えにくい。

図6-2：中等教員養成機関卒業生における在職高等女学校の学校歴・規模

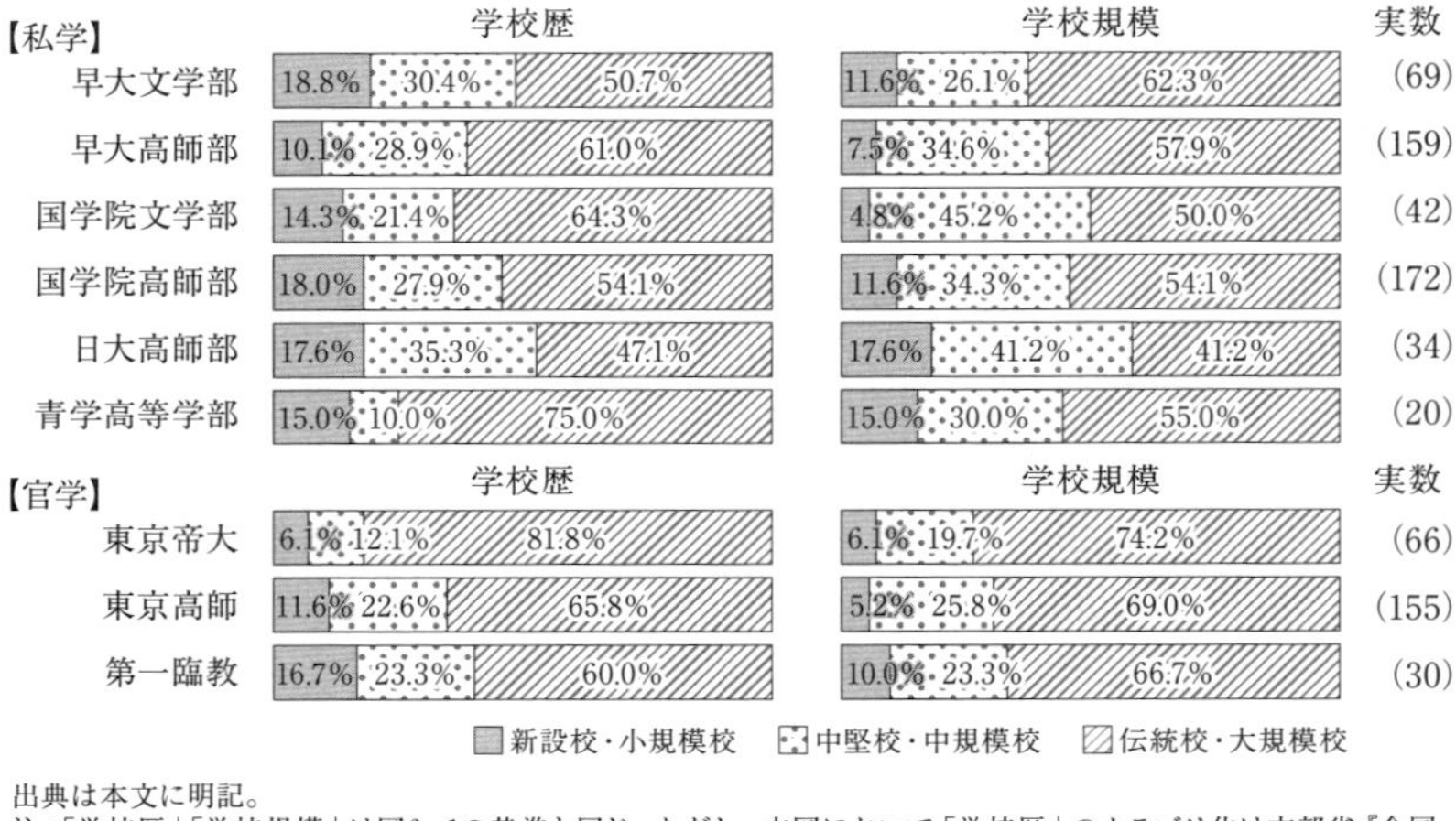

出典は本文に明記。
注：「学校歴」「学校規模」は図6−1の基準と同じ。ただし、本図において「学校歴」のカテゴリ化は文部省『全国高等女学校・実科高等女学校に関する調査』（昭和3年）に基づく。

4. 中等教員としての移動傾向

4.1. 校長への昇進

続いて、中等教員の移動傾向として、校長への昇進という職階移動と、本籍地への帰郷という地域移動の2点に着目して、集計を行った。まず、職階の移動を確認しよう。表6-4は、出身校長数を全出身教員数で除することで算出される校長輩出率を、出身校ごとに示したものである。なおここからは、卒業年代ごとの相違を検証するため、世代カテゴリを設定した。世代Ⅰは明治37-45年、世代Ⅱは大正2-9年、世代Ⅲは大正10-昭和3年の卒業生群となる。

さて、最も高い校長輩出率を示すのは東京帝大出身者で、全世代計のそれは38.1%である。とくに古い世代Ⅰでは68.6%と、この世代の7割近くが校長に昇進していることが分かる。さらに、卒業から9~16年しか経過していない世代Ⅱの校長輩出率が、東京帝大の場合24.6%もあり、輩出率だけでなく昇進スピードもきわめて速かったことが分かる。また、東京高師は全世代で17.5%、最も古い世代Ⅰでは49.4%と約半数が校長に昇進してい

表6-4：中等教員養成機関卒業生の中等学校長輩出率（世代別）

		Ⅰ(M37−45卒)			Ⅱ(T2−9卒)			Ⅲ(T10−S3卒)			全世代		
		教員数	校長数	%	教員数	校長数	%	教員数	校長数	%	教員数	校長数	%
私学													
早稲田	文学部	178	10	5.6%	128	1	0.8%	139	0	0.0%	445	11	2.5%
	高師部	228	11	4.8%	223	5	2.2%	380	0	0.0%	831	16	1.9%
国学院	文学部	5	0	0.0%	59	0	0.0%	117	0	0.0%	181	0	0.0%
	高師部	130	4	3.1%	169	0	0.0%	444	0	0.0%	743	4	0.5%
日本大	高師部	23	5	21.7%	36	2	5.6%	87	1	1.1%	146	8	5.5%
青山学院	高等学部	37	2	5.4%	33	0	0.0%	200	0	0.0%	270	2	0.7%
官学													
東京帝大	文学部	137	94	68.6%	69	17	24.6%	88	1	1.1%	294	112	38.1%
東京高師	文系学科	253	125	49.4%	257	18	7.0%	309	0	0.0%	819	143	17.5%
第一臨教	文系学科	−	−	−	−	−	−	200	0	0.0%	200	0	0.0%

出典は本文に明記。
注：第一臨教は大正11年設置のため、世代Ⅲのみ。

る。ただ、帝大ほどの値ではなく、山田（２００２）が指摘したように、キャリアとしては高師よりも帝大出身者が優位にあったことが把握できる。官学でも第一臨教は設置が新しいこともあり、校長がでていない。

一方、私学は最も高い校長輩出率を示す日大高師部でも、全世代で5・5%でしかない。古い世代Ⅰに十分な数の卒業生がいない国学院の文学部には校長がおらず、高師部では全世代計で0・5%、青山学院は0・7%、早稲田は文学部・高師部とも2%程度である。こうしてみてくると、私学において、大学段階の文学部と専門学校段階の高師部では、卒業後の昇進機会に大きな差のないことが分かる。また、世代Ⅰで21・7%と、日大出身者の校長輩出率が私学のなかでは高い理由として、第5章でみたように、小学校教員を経て入学する者が多かったため、年長者の比率が高く、小学校での教員経験が評価に加味されたという点が考えられる。いずれにせよ、官学と比較すると、当時の私学出身者は、校長への昇進機会がきわめて限られていたのである。

4.2. 地元への回帰

さらに、地域移動についても確認しておきたい。表6-5は、本籍地（道府県）と勤務校の所在地（道府県）との一致率を帰郷率とし、本籍地が確認できなかった青山学院の卒業生を除いた、各出身者の状況について明らかにしたものである。

さて、若干の誤差はあるものの、私学、官学とも総じて古い年代ほど帰郷率の高いことが分かる。これは古い世代特有の傾向である可能性も否定できないが、戦前期の中等教員は県をまたがった転任が繰り返されていたのであり（山田　２００２）、おそらくそのなかで徐々に地元に回帰していったものと想定される。しかし、東京帝大、東京高師出身者と私学出身者には違いがみられる。東京帝大、東京高師は全世代で帰郷率が2割ほどであるのに対し、私学の多くがおおむね3～4割である。とくに顕著な差がみられたのは、最も古い世代Ⅰであり、私学出身者は4～5割が地元の学校で教鞭を執っていたのである。[6]

以上のように、帝大、高師出身者が自らの出身地以外の中等学校に在職していたのに対し、私学出身の中等教員たちは地元に回帰する傾向が強かった。これにはどのような背景をみいだせるのだろうか。中等教員社会の構造から、次の要因を挙げておきたい。

帝大、高師出身者たちには、表6-4にみたように、同窓出身校長が数多く存在していた。戦前期の校長の権力は絶大であって、教員の採用・昇進・昇給などを決定する権限を有していたのであり、帝大や高師出身者たちはそうした校長を中心とする社会関係資本（＝学閥）を十分に保持していた。山田（2002、pp.143-144）は、各学校の校長が優良な教員を集めるために、帝大、高師出身者たちに高給を提示してさかんに転任の勧誘を行っていたとし、学歴の高い者ほど転任が多かったと指摘している。また、こうした好待遇による誘因以外にも、先輩―後輩などパーソナルな関係に基づいて、校長が同窓出身教員を

表6-5：中等教員養成機関卒業生の帰郷率（世代別）

		Ⅰ(M37−45卒)			Ⅱ(T2−9卒)			Ⅲ(T10−S3卒)			全世代		
		教員数	帰郷者	%	教員数	帰郷者	%	教員数	帰郷者	%	教員数	帰郷者	%
私学													
早稲田	文学部	178	82	46.1%	128	62	48.4%	136	28	20.6%	442	172	38.9%
	高師部	228	125	54.8%	223	91	40.8%	379	117	30.9%	830	333	40.1%
国学院	文学部	5	2	40.0%	59	19	32.2%	117	38	32.5%	181	59	32.6%
	高師部	130	63	48.5%	169	64	37.9%	444	164	36.9%	743	291	39.2%
日本大	高師部	23	9	39.1%	36	8	22.2%	86	23	26.7%	145	40	27.6%
官学													
東京帝大	文学部	137	35	25.5%	69	20	29.0%	88	14	15.9%	294	69	23.5%
東京高師	文系学科	253	74	29.2%	257	61	23.7%	309	51	16.5%	819	186	22.7%
第一臨教	文系学科	−	−	−	−	−	−	200	66	33.0%	200	66	33.0%

出典は本文に明記。

注：本籍地のデータがない青山学院は除いてある。第一臨教は大正11年設置のため、世代Ⅲのみ。

また、早大文3名、早大高師部1名、日大高師部1名が本籍地不明のため、総計がこれまでの表と一致しない。

引き抜くこともあったはずである。つまり、帝大、高師出身者たちは、給与や職階の向上を求めて、あるいは先輩管理職の勧誘などによって転任を繰り返した結果、帰郷率が低くなったと思われる。

一方、私学出身者の場合は同窓出身校長も少ないし、昇進機会も開かれていない。学閥が十分に機能しなかった彼らにとって、就職や異動の際、出身中等学校の恩師や地元の親族など、故郷の縁に頼る部分が大きかったと推測される。さらに、校長昇進という上昇移動の見込みが薄いため、教員社会における地位達成という野心もそれほど高まらなかったであろう。そのため、多くの私学出身者は、母校や地元の学校に就職・転任し、郷里の子弟の育成という役割を積極的に担おうとしたのではないだろうか。

5. まとめ

本章では、昭和初期における4私学出身者のキャリアについて分析を行い、官学との比較から、私学における教員養成の機能を詳細に確認してきた。その結果を私学間の比較、官学との比較という2点から総括し、得られた知見について考察を試みたい。

まず、私学間での比較であるが、おおむね各私学の出身者は、同じようなキャリアを示す結果となった。大学段階の文学部は高等教員の輩出率が若干高かったものの、中等教員としてのキャリアには、専門学校段階の高師部との間に大きな違いはみられなかった。すなわち、私学高等教育内での学校段階が、中等教員のキャリアに影響を及ぼしていたとは考えにくい。一方、キャリアに対してより強い変動要因となっていたのは、昼夜の設置形態であった。夜間の日大高師部出身者は、第5章でもみたとおり、卒業後も小学校教員が多く、また私学のなかでは中等学校長への昇進機会がやや高かった。

次に、官学出身者との比較からは、勤務した学校の地域性や規模について、とくに高師との間で、大きな違いはみられなかった。ただ、実業学校勤務の割合が高く、昇進機会が著しく限られており、明らかに周辺的な位置におかれていたことが実証された。その一方、私学出身者は出身地に帰って教員となる傾向が強く、彼らは地元の子弟の教育にたずさわるケースが多かった。以上から本章では、地位達成の可能性は低い一方で、出身地に帰郷し、郷里の中等教育を支えるという、私学出身者のキャリアの特性を示すことができた。

さて、第4章の早大高師部の分析も含めて総括すると、教員社会での選抜、立身出世の可能性は、養成機関を卒業した時点で相当程度決定されていたといっても過言ではないだろう。私学出身教員は、階層的な中等教員社会のなかでノン・エリートであった。では、上昇の可能性が低い者は、その社会においていかに適応しようとするのか。例えば、ターナーはエリートの選抜が早い社会ほど、ノン・エリート（大衆）は、「夢のような計画でなく、『現実的な』計画を立てなければならないとさとるようになる」（Turner 訳書 1963、p. 71）と指摘する。したがって、私学出身の教員は、高師などのエリート教員とは別の、郷里の子弟の育成という教師役割を、積極的に自らに課していたのではなかろうか。こうした教員の内面を、以下の回想はよくあらわしていると思われる。

米内、板垣、及川の諸将星を産んだ盛岡中学校に職を奉じて十六年。

ここに自分の使命と天地を見出そうと努力し、生涯を郷土の子弟の教育に捧げようと決意して、人がやれ栄転だ、昇格だと騒ぐのもかえりみず（郷土の人間はいつも待遇されないのが普通だった）浮世離れた気持ちで、十

年一日の如く、こつこつとやって来たのではあった……（及川　1962、p. 127）。【昭和2年日大高師部卒】

また、ある教員経験者【昭和8年東京物理卒】は、地域社会における中等学校の位置について、次のようにいう。「当時の中等学校は――地方によってその差は勿論あったであろうが――その地域社会では教育の中心的存在でもあった。それは、学校の行事は住民の関心事として現われてもいたし、また、学校職員が社会教育的行事に多分に指導的立場で参加していた」（中村　1973、p. 73）。加えて、父が中等教員であった作家の石川達三は、地方における中等教員の地位について、以下のように述べている。

……最高の名誉を与えられているのが県立中学の校長であり、その次が私立女学校の校長と小学校の校長であった。それから町長と警察署長と郵便局長であった。中学校の先生たちは町では最高の知識階級であり、信望の最も厚い人たちであった（石川　1971、p. 76）。

つまり、地元に帰れば、私学出身であろうが、「最高の知識階級」として、故郷に錦を飾ることができただろう。さらに、シュッツによれば、帰郷者には、故郷から離れていた間に「身につけた技能や経験などを、故郷の古いパターンにもち込もうとする気持」（Schütz 訳書　1997、p. 40）を保持する傾向があるという。こう考えると、私学出身教員は、都市の高等教育で身につけた知識や思考様式を、その教え子を通じて故郷に還元するといった、地域文化の啓蒙的な存在として位置づけることが可能かもしれない。

〈注〉

（1）無試験検定の許可年は、私学で最も早い早稲田、国学院が明治32年で、青山学院が明治33年、日大が明治34年である（船寄・無試験検定研究会編　2005）。

（2）宗教系私学の重要な部分であった仏教系の学校は、第1章でみたように、僧職者の養成機関からの脱皮にきわめて消極的であったとされ（天野　1989、pp. 287-289）、中等教員という近代的職業人養成の着手も遅かった。最も早く中等教員無試験検定を得た宗教大学でも大正13年であり（船寄・無試験検定研究会編　2005）、国学院、青山学院と比べると20年以上も遅れていた。したがって、長期間にわたって卒業生のサンプルを確保したいという分析上の条件を満たさないため、対象から除外した。

（3）当時、私立大学の75・0％、私立専門学校の61・4％が東京に所在しており（『文部省年報』昭和3年度）、東京の4私学を選定したことは、地域代表性の点からも支持されると考える。

（4）名簿に記載されている者はすべて抽出したが、完全な意味での全数調査ではない。さらに、氏名があっても現職が空欄の「不明」者は各名簿とも3～25％程度存在していた。とくに日大高師部に限っては、「不明」が71・8％（950名）ときわめて高率であった。したがって、本章の図表で提示している教員数は、実際の教員数をそのまま反映しているというわけではない。また、早稲田の名簿は本籍地の記載がなく、『早稲田学報』各年度の卒業生名簿など他の資料から特定できたが、青山学院については現段階ではそれができなかった。

（5）ただし、この高等教員の勤務先を調べると、母校勤務が東京帝大は618名中44名（7・1％）、東京高師が92名中20名（21・7％）であるのに対し、私学は早大文学部が106名中32名（30・2％）、国学院文学部で14名中7名（50・0％）と高い比率を示している。すなわち、私学出身者が高等教員になる場合、その就職先は官学に比べ、母校に強く限定されていたことになる。

（6）なお、本籍地のうち東京出身者を集計すると、それぞれ早大文学部8・8％（39名）、早大高師部6・1％（51名）、国学院文学部6・1％（11名）、国学院高師部3・4％（25名）、日大高師部3・4％（25名）、東京帝大7・5％（22名）、東京高師3・2%（26名）、第一臨教3・0%（6名）である。つまり、いずれの学校も東京出身者は1割に満たず、ほとんどが地方出身であった。

第7章

昭和初期中等教員社会と私学出身者の位置

――『学事関係職員録』を用いた給与・異動・昇進の分析――

1. はじめに

1. 1. 本章の課題

これまでの章では、主に卒業生名簿を用いて、私学出身教員のキャリアとその特徴を検証してきた。以上により、中等教員の輩出において各私学が果たした機能を事細かに明らかにできたといえる。こうした養成機関の名簿を用いた分析は、片岡・山崎編（1990）の高師研究や、帝大と高師に焦点付けた山田（2002）の研究でも実施されてきた方法である。しかし、高師や帝大は学校数が少なく、対象校が絞られる一方、私学の養成機関はきわめて多岐にわたり、その数も多かった（船寄・無試験検定研究会編 2005）。前章までの分析では私学を複数取りあげ、代表性に配慮してきたが、事例研究にとどまらないためには、多様な私学を包括的に捉え、その上で私学の機能について分析する方策が求められる。

また、序章で触れたように、中等教員史研究は主に養成ルートごとに実施されるのが通例であった。しかし、養成機関ごとの分析では、出身教員のキャリアを詳細に検証できても、教員社会全体における位置を必ずしも正確に把握できない。例えば、私学出身教員の給与、昇進機会等は、他の学歴を経た教員と比べていかなる状況にあったのか。とりわけ、これまでの章で比較してきた高師や帝大以外の教員、例えば、高等教育を経ていない文検出身者などとの間にも明確な差があったといえるのだろうか。私学出身者が教員社会のなかでどのような位置にあったのかを明確にするには、多様な背景をもった者から構成される教員社会をまず正確にとらえる必要がある。その上で、私学出身教員の状況を浮き彫りにすることが求められよう。

以上をふまえ、本章では、一つの県における全教員のデータを用い、教員社会全体のなかで占める私学出身者の位置を検討する。具体的には、教員の給与、異動、昇進といった地位やキャリアに関わる基本的な事項について分析を行うものとする。この検証により、上述した二つの課題に応えることが可能になる。つまり、多様な学校から輩出された私学出身教員を、一つにカテゴリ化し、その上で彼らの特徴を探ることができる。さらに、県内全教員を含んだデータ、すなわち中等教員社会の全体を忠実に反映したデータから、私学出身者の位置を正確に示すこともできよう。

1. 2. 資料の性格

本章で利用する資料は、昭和初期における岩手県の『学事関係職員録』(岩手県教育会編)である。『学事関係職員録』とは、主に各道府県の教育会が刊行していた教育関係者の名簿である。県や時期によって記載項目は異なるが、戦前期のものについては、おおむね県内の初等・中等教員の氏名が学校ごとに掲載され、同時にその職階、給与額などが記されている[1]。

そのうち、岩手県の昭和8年以降の職員録に関しては、先の情報に加え、出身学校・機関とその卒年が明記されている。よって、県内すべての中等教員の学歴とおおよそのキャリア年数を把握できる。そして、これらを変数として活用すると、給与や昇進の実態とその規定要因を検証することが可能になる。また、複数年の職員録を利用することで、昇給や異動傾向についても明らかにできよう。

さて、この岩手県『学事関係職員録』のうち、本章で活用するのは、昭和8年、12年、16年の3年分である。4年間隔としたのは、時期をなるべく広く把捉したいこと、そしてその間における昇給と異動の傾向をみるためである。実際に職員録から抽出したのは、原則として嘱託を除いた公立の全中等学校(師範学校、中学校、高等女学

表7-1：岩手県中等教員の学歴構成

	昭和8	昭和12	昭和16
私学	96 (26.4%)	98 (25.9%)	149 (31.8%)
帝大	36 (9.9%)	45 (11.9%)	48 (10.2%)
高師	35 (9.6%)	40 (10.6%)	47 (10.0%)
臨教	34 (9.4%)	34 (9.0%)	34 (7.2%)
官専	86 (23.7%)	91 (24.1%)	109 (23.2%)
文検	28 (7.7%)	33 (8.7%)	40 (8.5%)
中等・他	41 (11.3%)	35 (9.3%)	40 (8.5%)
不明	7 (1.9%)	2 (0.5%)	2 (0.4%)
計	363 (100.0%)	378 (100.0%)	469 (100.0%)

校、実業学校）における男性教員である。[2] その結果、昭和8年で363名（34校）、昭和12年で378名（35校）、昭和16年は469名（42校）が対象となった。

表7-1は学歴（私学［私立大学・専門学校］、帝大、高師［文理大も含む］、臨教、官専［官立専門学校：公立専門学校・官立大学も含む］、文検、中等・他［中等学校のみとその他の学歴者］）ごとに教員数を集計したものである。学歴で最も多いのがやはり私学であり、25～30％程度となっている。また、官立専門学校の比率も高い（23～24％）。帝大と高師はそれぞれ約1割である。

なお、本章は一県の事例をもとに中等教員全体を推定するものであるが、もちろん代表性の点で限界はある。例えば、岩手という地方性が、結果に影響を及ぼすことは十分に考えられる。また、昭和8年より前の職員録には、学歴、卒年の記載がないため、必然的に分析が昭和初期に限られる点にも留意されたい。ただ、県内全中等教員の基本的属性、地位に関わる情報を変数として利用できるため、私学出身者の位置を浮き彫りにする上で、大いに意義があると考える。加えて、養成ルートごとに実施された先行研究においてはとらえきれなかった、多元的な教員集団からなる資料を用いて分析できるのも本章のメリットといえよう。

2. 給与の分析

2.1. 月給額の平均

最初に、給与の状況についてみていきたい。表7-2は学歴別に月給の平均値を算出したものである。[3] 確認すると、帝大と高師の給与額が115〜130円程度と高く、両者は拮抗している。一方、私学は、中等学校のみ等の学歴者とならんで、100円に満たない。単純集計では、私学出身教員の給与はやはり低かったといえる。

2.2. 月給額の規定要因と私学

ただし、給与はキャリアの年数に当然影響を受けるはずである。また、実業学校教員には中学校教員との給与格差があったとされ（中内・川合編 1970、pp. 177-178）、勤務した学校種も給与に影響をもたらす可能性がある。こうした他の要因を統制しないと、給与額に対する学歴の純粋な効果を抽出できない。したがって、教員の給与を従属変数として、学歴（参照カテゴリ：私学）のほかに、学卒後年数、勤務校種（参照カテゴリ：中学）、勤務校の規模（生徒数）を独立変数とする重回帰分析を実施した。これにより、私学という学歴の、給与に対する純粋な効果を明らかにすることがねらいである。

結果が表7-3である。いずれの年も決定係数が0.5程度と、一定の説明力をもったモデルとなっている。年による違いはほぼみられない。

表7-2：月給平均値（円）

	昭和8	昭和12	昭和16
私学	97.6	92.9	89.3
帝大	124.7	120.8	121.8
高師	130.3	119.5	115.5
臨教	105.8	107.8	120.6
官専	103.2	103.0	102.5
文検	105.2	102.3	100.2
中等・他	87.1	90.2	89.3
全平均	105.3	103.6	101.8

表7-3：月給の規定要因（重回帰分析）

		昭和8 *b*	昭和12 *b*	昭和16 *b*
学歴（参照カテゴリ：私学）	帝大	23.96 ***	24.27 ***	24.21 ***
	高師	27.02 ***	23.46 ***	26.85 ***
	臨教	5.95	10.22 *	18.07 ***
	官専	−4.43	−1.84	0.48
	文検	1.53	1.37	0.95
	中等・他	−33.72 ***	−33.48 ***	−28.35 ***
学卒後年数	（共変量）	2.79 ***	2.91 ***	2.51 ***
勤務校種（参照カテゴリ：中学）	師範	4.38	10.04 *	9.37 *
	高女	−10.52 **	−3.71	0.24
	実業	−6.89 *	−3.71	−0.19
勤務校規模（生徒数）	（共変量）	0.01	0.01	0.01 *
定数		74.55 ***	61.27 ***	58.62 ***
Adjusted R^2		0.58	0.55	0.52
F値		44.25 ***	42.25 ***	45.30 ***
n		341	371	442

*p<.05, **p<.01, ***p<.001

表7-4：昇給の規定要因（重回帰分析）

		昭和8→12 *b*	昭和8→16 *b*
学歴（参照カテゴリ：私学）	帝大	−0.92	2.20
	高師	−1.84	−2.36
	臨教	−0.26	3.06
	官専	−0.10	3.13
	文検	−0.88	1.69
	中等・他	−0.06	0.86
学卒後年数	（共変量）	−0.10	−0.16
異動	県内異動	0.57	5.44 **
定数		6.34 ***	12.28 ***
Adjusted R^2		0.00	0.08
F値		0.95	2.42 *
n		235	133

*p<.05, **p<.01, ***p<.001

有意差のあった項目をみると、学卒後年数が正の係数であり、キャリアが長いほど給与の高くなることが明らかである。学校種では、参照カテゴリの中学に対し、昭和8年では、高等女学校と実業学校がマイナス、残りの2年は師範学校がプラスになっている。ここから、昭和8年では中学校と師範学校、昭和12、16年では師範学校において、教員の給与が他の勤務校と比べて高かったといえる。

そのうえで、学歴の効果に着目しよう。私学の参照カテゴリに対し、3年とも帝大、高師が、昭和12、16年時では臨教が正となっている。つまり、キャリア年数等で統制しても、私学は帝大・高師等に比して給与が明らかに低かったと理解できる。私学に対して負の係数を示すのは、中等学校等のみの学歴しかない教員であった。

2.3. 昇給額の規定要因と私学

では、昇給についてはどうだったのだろうか。[4] 同じく重回帰分析を実施して、昇給額に対する規定要因を探り、私学の状況を確認した。この昇給額については、昭和8年から12年、8年から16年の間における給与の変動を変数とし、4年間、8年間の変化をみることにした。[5] 従属変数は性別、学歴、学卒後年数とともに、その期間内で異動があったか否か(ダミー変数)を加えている。

表7-4が結果である。昭和8年から12年については、モデル自体が有意にならなかった。これはおそらく4年間と期間が短く、昇給差が明確にならなかったためと考えられる。一方、昭和8年から16年にかけては、有意である。確認すると、学歴については効果がみられない。はっきりと有意差があらわれたのは、異動の変数であり、正の係数を示した。つまり、異動があった場合、昇給の程度が他の者よりも高いことになる。実際、昭和16年時に黒沢尻中学に在職していた教員【大正14年文検出身】は、「転任すれば、到底居座っていては望めそうもない、多額な昇給・出世のような習わしがあったように思う」(山口 1985、p.3)と、当時の昇給に対する異動の効果を示唆している。

3．異動の分析

3．1．異動状況

次に、教員の異動の状況を検証していこう。戦前期の中等教員は県をまたいだ異動も広く繰り返されていたと指摘されるが（山田　2002）、実際の数値でみるとどのような状況であったのだろうか。そして、私学出身教員にはいかなる特徴があったのだろうか。昭和8年を起点とし、12年、16年にいかなる変化があったのかを示したのが、表7-5である。なお、［県内－異動無］は、2時点の職員録ともに同じ学校に属していた教員、［県内－異動有］は、2時点の職員録で異なる学校が記載されていた教員である。そして、［他出］は後の職員録で氏名が消えた教員をあらわしており、これには県外への異動に加え、離職などが含まれよう。

さて、確認すると、当然ではあるが、昭和12年よりも16年の方が異動した者が多い。昭和16年では、8年時の全教員のうち約6割が他出している。学歴別では、高師の他出率が高く、昭和12年時で57・1％、16年には8割となっている。帝大も比較的他出する者が多く、昭和16年時は8割弱である。一方、私学の場合、昭和12年で3割弱、16年で5割強であり、全体の水準からすると、県内に残る傾向が若干強いといえるだろう。

3．2．他出の規定要因と私学

さて、この異動についても、学歴のみならず、キャリア年数が影響している可能性がある。また、給与が低いために県外の学校へ異動するといった事例も想定されよう。したがって、学歴、学卒後年数、月給額（昭和8年次）を独立変数とし、他出したか否か（2値変数）を従属変数とする、ロジスティック回帰分析を実施した（表7-6）。

その結果、学歴については、昭和12年で高師、昭和16年で高師と帝大に有意なプラスの効果がみられた。つまり、彼らは他出の可能性が高かったといえる。例えば、高師出身者に関して、昭和16年時の岩手師範の校長【大正11年広島高師専攻科卒】は、「山口を振り出しにして、小倉、広島、長野、鹿児島、浜松、旅順、盛岡、松江と流れ歩いた」（板倉　1949、p.138）とし、「二三年で転任又転任を命ぜられた」（同右、p.89）というように、自ら

表7-5：異動傾向（%）

	昭和8→12			昭和8→16		
	県内		他出	県内		他出
	異動無	異動有		異動無	異動有	
私学	65.6	5.2	29.2	33.3	11.5	55.2
帝大	55.6	5.6	38.9	16.7	5.6	77.8
高師	42.9	0.0	57.1	2.9	17.1	80.0
臨教	61.8	2.9	35.3	14.7	17.6	67.6
官専	69.8	3.5	26.7	34.9	9.3	55.8
文検	78.6	3.6	17.9	39.3	7.1	53.6
中等・他	65.9	4.9	29.3	51.2	4.9	43.9
全平均	64.0	3.9	32.0	29.8	10.4	59.8

表7-6：他出の規定要因（ロジスティック回帰分析）

		昭和8→12	昭和8→16
		b	*b*
学歴	帝大	0.56	1.15 *
（参照カテゴリ	高師	1.26 **	1.26 *
：私学）	臨教	0.36	0.60
	官専	−0.33	−0.05
	文検	−1.08	−0.15
	中等・他	0.09	−0.43
学卒後年数	（共変量）	0.01	0.01
月給（S8年時）	（共変量）	0.00	0.00
定数		−0.77	0.29
$\chi^2(8)$		19.52 *	18.99 *
Cox&Snell R^2		0.06	0.05
Nagelkerke R^2		0.08	0.07
n		341	341

$^{*}p<.05$, $^{**}p<.01$, $^{***}p<.001$

の県をこえた転任の多さを回顧している。(6) 一方、私学出身者は高師や帝大出身者に比べ、他出の可能性が低く、教員として県内に長く留まっていたといえよう。

さらに、こうした県をまたいだ転任の頻度は、昇給にも影響したものと想定される。先の表7-4では県内異動しか扱えなかったため、効果があらわれなかったが、他出傾向の強い帝大と高師出身者は頻繁に他県に異動しつつ給与を上昇させていったと考えられる。県内に留まる傾向に強い私学は、こうした恩恵にあずかる機会は少なく、昇給でも不利な立場にあったと推測される。

4. 昇進の分析

4.1. 中等学校長と年給額

最後に、昇進について検証しよう。まず、校長の状況を確認しておきたい。表7-7は学歴別の校長数と年給の平均額である。

表をみると3年とも帝大、高師の校長数が多いが、中等学校・他の学歴者や、昭和16年では官立専門学校出身者も目立っている。一方、私学の場合、文検出身者とならんで、いずれの年も3名以下となっている。また、年給額ではいずれの年も帝大が2200～2400円程度と高く、その次がおおむね高師の約2100円である。文検出身者のそれが最も低く、私

表7-7：校長数と年給額平均（円）

	昭和8		昭和12		昭和16	
	人数	年給平均	人数	年給平均	人数	年給平均
私学	1	2000	3	1880	2	1910
帝大	8	2198	8	2308	6	2397
高師	9	2088	7	2164	9	2124
臨教	3	1757	2	1900	5	1888
官専	4	2065	5	1746	7	1930
文検	1	1650	1	1260	3	1550
中等・他	7	2157	9	1606	10	1910
不明	1	－	－	－	－	－
合計	34	2070	35	1970	42	2018

学は1900~2000円と、全体の平均より若干抑えられていた。山田（2002）の結果と同様、給与面では帝大出身校長が一歩抜きん出ているといえるだろう。

4.2. 校長の規定要因と私学

ただし、校長昇進には学歴のみならず、やはりキャリアの年数が大きく影響しているはずである。ここでも、校長であるか否か（2値変数）を従属変数とし、学歴と学卒後年数を説明変数とするロジスティック回帰分析を実施して、私学の状況を確認することにした（表7-8）。

校長数は必ずしも多くないため、ロジスティック回帰分析の実施に問題がないとはいえない。それでも、いずれの年もモデルは有意となった。結果をみると、学卒後年数が有意な正の係数を示している。当然キャリアが長いと、校長に昇進しやすいということである。その上で、学歴の効果を確認すると、3年とも私学に対して帝大と高師が、昭和8、16年では臨教が正の効果を示している。つまり、私学出身者は学卒後年数で統制しても、高師等に比べて昇進の可能性が有意に低かったことになる。また、比較的校長数が多かった中等教育のみの学歴者は、

表7-8：校長の規定要因（ロジスティック回帰分析）

		昭和8 *b*	昭和12 *b*	昭和16 *b*
学歴	帝大	5.89 ***	2.44 *	2.20 *
（参照カテゴリ	高師	6.64 ***	2.22 *	3.70 ***
：私学）	臨教	4.63 **	0.62	2.26 *
	官専	0.55	−1.09	0.27
	文検	−14.10	−0.22	0.98
	中等･他	1.42	−0.70	0.31
学卒後年数	（共変量）	0.41 ***	0.28 ***	0.22 ***
定数		−12.56 ***	−7.66 ***	−7.40 ***
$\chi^2(7)$		143.89 ***	120.63 ***	114.92 ***
Cox&Snell R^2		0.34	0.27	0.22
Nagelkerke R^2		0.75	0.59	0.48
n		347	376	466

$^{*}p<.05$, $^{**}p<.01$, $^{***}p<.001$

私学との間に有意差が生じなかった。これは、中等学校のみの学歴等しかない校長は、キャリアの年数が他と比べて長かったためと考えられる。(7)

4．3．奏任待遇教員と年給

加えて、奏任待遇の教員についても分析を行いたい。中等学校の幹部教員は、官等として奏任待遇（師範学校長のみ奏任官）の地位に遇され、給与体系も年俸制とされていた。こうした奏任待遇教員の人数、年給額と私学の状況を確認しよう。

表7-9をみると、人数では官立専門学校出身者の数が最も多く、20～30名程度である。高師や帝大がそれに続いている。ただ、私学出身者も一定数おり、昭和16年では15名と、帝大や高師の数に接近している。全体的に校長に比べると、学歴は分散しているように思われる。ただし、年給額については帝大、高師出身者の値が1900円前後と、他と比べて明らかに高い。私学出身者のそれは1500～1700円台で、平均を下回っていたことが分かる。

4．4．奏任待遇教員の規定要因

さて、校長と同様、ここでも奏任待遇教員の規定要因をロジスティック回帰分析にて検証しよう。従属変数は奏任待遇であるか否か（2値変数）で、説明変数は校長の分析と同様である。

表7-10をみると、校長の結果（表7-8）と類似している。やはり学卒後年数が正の係数である。その上で学歴の効果をみると、3年とも帝大と高師が、昭和12、16年ではそれに加えて臨教が、私学に対して有意な正の効果

をもっていた。奏任待遇の教員が多かった官立専門学校は、私学との間で有意差がみられない。[8] 以上から、キャリア（学卒後年数）を統制しても、高師や帝大と比べて、私学は奏任待遇への昇進機会が低かったといえるだろう。

表7-9：奏任待遇教員数と年給額平均（円）

	昭和8 人数	昭和8 年給平均	昭和12 人数	昭和12 年給平均	昭和16 人数	昭和16 年給平均
私学	11	1674	7	1736	15	1546
帝大	14	1939	18	1891	16	1910
高師	19	1882	15	1895	15	1963
臨教	5	1659	7	1670	17	1633
官専	19	1622	20	1600	28	1611
文検	6	1577	8	1570	12	1549
中等･他	5	1794	6	1695	7	1741
計	79	1758	81	1741	110	1699

表7-10：奏任待遇教員の規定要因（ロジスティック回帰分析）

		昭和8 *b*	昭和12 *b*	昭和16 *b*
学歴	帝大	2.31 ***	3.21 ***	1.49 **
（参照カテゴリ	高師	3.12 ***	3.31 ***	2.40 ***
：私学）	臨教	0.50	1.44 *	1.58 **
	官専	−0.05	0.26	−0.24
	文検	0.87	1.33	0.58
	中等･他	−3.07 ***	−3.29 ***	−3.95 ***
学卒後年数	（共変量）	0.26 ***	0.30 ***	0.26 ***
定数		−5.12 ***	−6.55 ***	−5.32 ***
$\chi^2(7)$		156.44 ***	166.34 ***	185.66 ***
Cox&Snell R^2		0.36	0.36	0.33
Nagelkerke R^2		0.56	0.55	0.49
n		347	376	466

$^*p<.05$, $^{**}p<.01$, $^{***}p<.001$

5. まとめ

本章の分析は、一県の事例であるため、当時の日本の教員全体を推定する上で、偏りが生じている可能性は否めない。とはいえ、一つの県の教員社会全体を扱ったことで、従来の研究に対して新たな知見を加えたといえる。結果について、考察を交えながらまとめてみたい。

中等教員社会は学歴によって階層化された構造をなしていたが（山田　2002）、本章はそのなかでの私学の位置を実証的に描き出したものといえる。その具体的な一側面として、まず給与についてである。全中等教員を対象に多変量解析を行うと、キャリア年数など他の変動要因も統制しても、高師と帝大に比べて、私学出身者の給与の低いことが明確になった。さらに、官立専門学校出身者のみならず、高等教育歴のない文検出身者との間にも、私学出身者の給与額に有意な差がなかった。

続いて、異動についてである。私学出身者は高師、帝大と比べて他出する可能性が少なく、彼らは地域に長く留まる固定的な存在といえた。その理由の一つとして、転任を促す要因である教員間のネットワークが限られていたことを挙げられよう。また、第6章では帰郷率を扱ったが、本章で得られた知見を加えると、郷里に戻るとそのまま長く定着するといった、私学出身教員のキャリアの特性がより鮮明に浮かびあがってくる。また、異動が昇給の大きな要因であったことを考えると、一県のデータを用いた本分析では数値としてあらわれなかったが、おそらく昇給についても、私学出身者の場合、多くは見込めなかったものと推測される。

さらに、昇進についても、第4～6章でみてきたのと同じく、校長や幹部教員への道が高師、帝大との間でははっきりと格差があった。同時に、文検出身者との間に有意な差は見いだせなかった。つまり、昇進に関して、私学出身者は高等教育歴のない教員と同等の位置にあったことになる。

以上の結果をふまえ、教員社会の学歴による階層間の序列に対して、付言しておきたい。山田（２００２）は、教員社会における高師と帝大間の差に着目し、地位が低い高師による帝大への対抗戦略として、高師の強固な学閥が形成されたと指摘している。この両者の格差は主に出身校長の給与差から導かれており、それは本章でも追認できた。しかし、本章のように一般教員を含めて検証すると、給与や昇格等で、よりはっきりと階層間の境界を線引きできるのは、帝大と高師との間ではなく、帝大・高師と、私学をはじめとするそれ以外の学歴者との間といえよう(9)。

戦前期の中等教員社会は多様な背景をもつ者から構成されていた。そうした出自によって、昇進のみならず、一般教員の給与や異動のあり方といった教員社会での地位やキャリアの道筋が相当程度決定されていた。つまり、中等教員社会には、明らかに学歴（学校歴）に応じたキャリア・トラックが存在していたといえる。高師出身者は異動をくりかえしつつ昇給を重ね、校長などの管理職へと着実に昇進していった。私学出身の場合は郷里に戻り、そのまま地域に留まる固定的存在であって、給与も低く、昇進のルートも大きく限られていた。複線的なキャリア構造をもつ教員社会において、下位トラックこそが、私学出身者に必然的に水路づけられていたコースであったといえるだろう。

〈注〉

（1）この職員録がいかに受けとめられていたかについて、当時のある中等教員【大正12年国学院高師部卒】は次のように評している。「誰でも自分の財布の中身を他人に知らしたくない様に、自分の月給額も人に知らしたがらない。ところが、職員録といふものが街頭に売り出されてゐるから、隠しだてがきかない。今はどうか知らぬが、以前は、宿屋でこの職員録なるものを用意して置き、客の俸給を調べてサーヴイスの参考にしたといふ伝説がある。『ちェッ！彼奴、また昇級しやがつた』と癪の種にされたり、『気の毒に今年も奴さん据置か』と同情のよすかにされたりするのが、この職員録である。一名定価表なども呼称されてゐる」（伊藤　1942、p. 123）。このように、給与という社会的地位の直接的な指標が一般にさらされていたことは、みずからの教員社会での位置に敏感にならざるをえなかったとともに、場合によっては、他の教員に対するルサンチマンを大いに掻きたてたと思われる。さらにいえば、資源配分をめぐる排他的、防衛的な集団である中等教員の学閥の積極的な組織化に影響を及ぼしたかもしれない。

（2）これまでの検証からも分かるように、本書の関心は男性の中等教員にあるため、抽出したのは男性のみである。女性教員の比率は、昭和8年15・8％、昭和12年14・9％、昭和16年14・4％と少ない。女性教員を含んだ分析については、同じ資料を用いて分析した太田（2015）を参照のこと。また、私立学校の中等教員については、職員録に給与等の情報が抜け落ちていることが多く、また給与や昇進等のしくみが公立と異なる可能性もあるため、抽出対象から除外した。

（3）当時の『公立学校職員俸給表』によれば、最低額が助教諭十一級俸の40円である。これより大幅に低い25円未満の教員は分析対象から外した。また、奏任待遇の幹部教員は職員録では年給額で掲載されているため、それを12で除して月給に換算している。

（4）昇給のしくみについて、ある中等教員【昭和8年東京物理卒】は、次のように回想している。「専ら昇給は校長の内申によっていた。一年で昇給する人もいたし、二年三年でようやく昇給する人もいた。平教員の私にはよくわからなかったが、一校についての予算額があって、その枠の中で昇給が決められるとかきいていた」（中村　1973、p. 78）。

（5）給与額に大幅な変動がみられた者（50円以上）は外れ値とみなし、分析から除外した。
（6）東京高師英語科の教員であった青木常雄は、出身者の転任に積極的に関与したとされる。ある卒業生によれば、「先生は高師の卒業生の就職斡旋を一手に引き受けていた。少し誇張して言えば、日本中の中学校長あるいは英語科主任と連絡があり、どこに誰がいてどんな風であるか、どこに欠員があるか等の情報に詳しく、然るべき者を然るべき学校に振り当てることを仕事としていた。僻地にやられても、少し我慢していれば、『もっとよい』学校に移してやると言う。大抵の卒業生は先生の世話になった筈である」（森谷　１９８９、pp. 37-38）。その青木は、主任教諭に至るまでの中等教員キャリアのあり方について、次のように述べている。「私の考では、10年間に三度転任して、3人の違った校長に仕え、3組の違った同僚と共働し、三つの違った学校の生徒を教えて、初めて一人前の主任だと思います。ですから、本人から希望の申出が有っても無くても、3年に一度は、原則として、転任させることにしています」（青木　１９７０、p. 92）。多くの学校での勤務経験が、幹部教員への試金石といった考えが窺えるのであり、頻繁な転任と昇進とが緊密に結びついた高師出身者のキャリアの特性が、ここからも推し量れる。
（7）校長の学卒後年数の平均値は、昭和8年24・1、昭和12年25・8、昭和16年24・9であった。ところが、中等学校・その他の学歴の校長に限ると、それぞれ30・3、32・3、33・9であり、全体の平均より6～9年ほど多い。
（8）奏任待遇教員の学卒後年数の平均値は、昭和8年17・9、昭和12年19・8、昭和16年19・8であった。一方、官立専門学校出身者に限ると、それぞれ20・2、22・4、21・3と、やはり年数が多くなっている。
（9）本章と同様のデータを用い、学歴の参照カテゴリを「高師」にして多変量解析を試みたが（太田　２０１５）、給与、昇進等で帝大と高師には差がなく、全般的に帝大・高師とそれ以外の学歴者との間で有意差が生じる傾向がみられた。

第8章

戦前期私学出身中等教員の教師像

1. はじめに

これまで、主に第3章から第7章にかけて、私学を経た教員のキャリア、私学における教員養成機関の機能、私学出身者の教員社会での位置について検討してきた。明らかに傍系のキャリアを歩んだ私学出身の教員は、中等教員社会をどのように受け止め、教師としていかに生きようとしていたのか。本章では、私学出身中等教員の教師像について検証していきたい。

この点を考察する上で、階層構造上の位置効果に着目したい。ブルデュー（訳書　１９９０a、１９９０b）は、社会空間における位置によって、個人の趣向、態度などに明確な差異が生ずることを指摘している。確かに、中等教員社会は初等教員以上に、学歴資本、社会関係資本によって階層化された社会であった。高師が十分な教員供給源とならなかった中等教員社会では、帝大、官公私立専門学校、文検出身者等がそれぞれ一定の割合で存在していたのである。こうした階層的な教員社会では、教師はそれぞれの位置に応じた態度形成、精神形成を行ったことが予想できる。例えば、高師出身者には、帝大との対抗関係から校長を中心とする強固な学閥が存在していたとされる（山田　２００２）。つまり、帝大よりも低位な状況におかれた高師出身教員が、地位向上の戦略として凝集的な社会集団を生成させたのであり、そもそも、彼らの教員社会における位置が学閥形成の一因と解釈できる。では、私学出身者はその位置に基づき、どのように教員社会に適応しようとしたのか。以上の視角から、本章では私学出身者が中等教員社会に持ち込む教師像について、考察を行うものである。

2. 教員社会からの排除と私学の学閥戦略

2. 1. 教員社会からの排除傾向

多様な社会的出自からなる中等教員社会において、私学を経た教員たちの境遇は、これまでみてきたように、決して恵まれていたものとはいえない。実際に、私学出身者が教員集団の周辺に位置づけられ、時には排除される様子が、自伝などから確認できる。早大高師部卒業生【大正11年卒】で、後に同教授となった萩原恭平は、東京府立第五中に赴任した後、1年で退職した経緯について、あるインタビューで以下のように述べている。

萩　原　……当時は府立の学校へ私立の卒業者なんかは入れないんです。初めて入れたわけですよ。だから大分いじめられましてね。でもそこに一年いる間につくづく嫌になってしまって、勝俣［銓吉郎・早大教授］先生に、「他にやって下さい」と言ったところがね、「ジャパンタイムスに入らないか」とね。学校ではね、府立五中では百二十円もらってたんですが、ジャパンタイムスへいくと五十円になるんですね。そうするとその七十円をなんとか稼がなければならないし、でも新聞記者だからできないでしょう。ほかの仕事なんか。でもなんとかなるだろうと、一年いる間に決心して、十一月にね。翌年の三月のことを校長にね、「私は先生とそりが合いませんから、他にやって頂きたい」って言ったんです。まあ大分いじめられたんですよ。

質問者　ということは、その学校は茗溪が主だったんですね。

萩　原　そうですよ、［官立の］高等師範卒ばっかりでした（星・橋本　1993、p. 2）。

このように、中等教員社会で排斥された要因として、しばしば回想されるのは、高師出身者の存在であった。とくに昇進が関係する場面で、それは如実にあらわれたようである。次は、教務主任に昇任予定であった早大出身者が、高師出身校長が転任してきたことで遭遇した事例である。

同じ町のN中学にM君と云う、W大学同窓の君が居《ママ》った。

『Mは教務主任の位置に就くべきであるが、その力量はない。』とはN中学校長の私に対する県への中分であるそうだ。校長は私に詰め腹を切らせようとするのです。」

と云うのがM君の云うところであった。

N中学へS高師出身のRと云う、何かさもしい派閥感情に左右せられて、大所高所から教育的真義を透視し得ぬ一人が転じて来た。彼には派閥だけが見えて、教育は見えない。S閥で固めようとの児戯に類する小細工と陋策とを弄せんとするものであった。彼の見る教務主任の位置は教育そのものよりも幾層倍も大事なのである。……私立出のM君が目ざわりであることは寧ろ当然であったのだ（窪田 1950、p. 30）。【明治41年早大高師部卒】

高師を中心とする学閥がとりわけ機能するのは、いうまでもなく、昇進などの地位達成が関わる状況であろう。続いては、奏任待遇にあった日大出身教員が、督学官による授業視察を契機に、退職を余儀なくされたケースである。

新校長は腹心を呼び奏任待遇級に私の位置がジャマであることが感ぜられる此の時勇退の機会が訪づ《ママ》れました。……はからずも今文部省の督学官が視察にくるのです。日程によれば其の日の授業は私の分甚だ地味な予定にめぐり合います。起伏する伏の波に当るのです。……心静かに予定通りの授業を致しました。校長は督学官に言われたのだと私の授業をナジるのです。一応私の立ち場を申しましたが同僚の居る中で新校長は負けて居られぬ筈ですので私は小心者らしい態度で以後注意致しますと申しました。……私も神経衰弱症と校医に診断されましたからと十数日後辞表を提出しました（石井　1958、pp. 42-43）。【大正12年日大高師部卒】

戦前の中等学校の場合、教員の採用や昇給などの各学校の人事は、校長の専権事項であり（山田　2002、pp. 115-116）、自らの派閥を形成するために、同窓の腹心を厚遇で迎えることが可能であった。よって、私学出身者が学校内で上席の役職を占めていた場合、排除されることもありえたのである。石橋湛山は、私学出身者が中等学校で管理職に昇任して以降に、退職する者が多い理由を以下のようにいう。

……専門学校を卒業し、地方の中学の教諭となり、五、六年を経ると、きまったように、首になって帰って来るものが多いことである。之は、何う云うわけかと云うに、教諭就任後五、六年を経ると、順序上、或課目の主任級となる。けれども地方の中学校予算は、主任級の教師を、一課目に二人も、三人も置くわけには行かぬので、それを首にして、学校出たての給料の安い教師と取代えるからである。故に、高等師範とか、帝大とか、教育界に強い学閥を有する学校の出身者は兎に角、私立学校出の中学教師は初めは給料が安いから歓迎されるが、後は非常に惨めな目に遇う（石橋　1971、p. 511）。

ウェーバーによれば、地位達成などに対し、集団は「独占によってチャンスの改善が期待される場合は、外部に対する閉鎖性に関心を持つ」（Weber 訳書　1972、p. 71）という。高師の閉鎖的な学閥は帝大出身者に対しては地位向上の戦略であったが、地位の低い者に対しては排除の戦略ということができる。こうした教員社会において、「官学出身者が、母校を笠に着て、あぐらをかき、私大出を卑下していた」（大槻　1985、p. 155）、「戦前の中等学校では、高師出身の教員が圧倒的で、先生や私などは、いわゆるヨソ者、異分子、日陰者であった」（景山　1974、p. 156）という周辺的な立場を、私学出身者は強く認識していたであろう。そして、「学閥があって、私立大学出は冷遇されて、有能な士もとりあげられない憤懣」（米山　1968、p. 198）といった感情を、広く共有していたものと考えられる。

2.2. 私学出身者の学閥戦略とその限界

こういう状況であるから、私学出身教員が結集して団結を固め、高師閥などに対抗しようという言説も散見される。例えば、日大高師部には、「不挟会」と称する同窓組織があったが、ある者は会誌上で次のように述べている。

……私は我等親和の唯一団体である不挟会員総ての堅き団結を熱望するのである。在学中の親和は言ふまでも無いが、特に卒業後の親交と団結をより以上に希たいのである。彼の茗渓会の卒業生の団結の力強さは実に驚く程のものがある。

これに比してみれば、我々は在学中殆ど同境遇の下に生活し、研学の苦を味つて居るのであるから彼以上の親和と力強い団結を有しなければならないのである。我等は卒業後大いに先輩並に同僚との親和団結を計り何者も対し得ざる力強い会友の連鎖を希ふのである。

さすればその連鎖は後輩の力強い頼の鑑となつて連鎖が強ければ強い程後輩の道も拓けるのではないかと思ふ（本山　1930、p.5）。

また、青山学院でも「英師会」という同窓組織が昭和に入って結成されている。結成当時を報じた記事では、以下のように述べられている。

官学万能の我国に於て私学たる青山が不利な立場にあるは勿論である。優秀な人材でありながら私学出なるが故に校長になる機を逸せし人がなかつたであらうか、否就職困難な現今、高師、帝大閥の堅塁を陥れるの困難は若き卒業生の味ふ苦杯である。

かゝる逆境にありて先づ一致団結して最善の方策を講ずべく生れ出づべくしてその機を得ず生れ出でざりし英師卒団体が結成されたことは喜ばしきことであらねばならぬ（「青山英師会生る」『青山学報』第133号、昭和10年6月27日、pp.8-9）。

さらに、ある早大出身教員は校友の政治家を利用して、同窓間の連携を図り、地位の向上を追求すべきと主張している。

……どうしても吾々の位地を向上さすためには比較的政治家に多く校友を持つ便宜上から代議士達と交誼を得て少くとも師範部の学生達は年に一度なり一堂に会して晩餐を共にする位のことがあつて欲しいと思ふ、地方長官の多くは皆官僚を以て行はれてゐる以上奏任給になるさへ頭を傾けられる現境だと聞いてゐる。要領を得ない文句を並べたが兎に角学校時代は何実力さへあれば何もいらないなどと云ふ覇気に富んだことを考へてゐるが愈々出て見るとなかなか淋しい気分にもなつて来るものだ（天津　1923、p.61）。

しかしながら、私学の同窓組織を通じた地位向上は、決して容易ではなかったはずである。第4章で触れたとおり、その社会関係資本は人事を握る中等学校長を中心に蓄積されるものであるから、私学出身校長の少なさは著しく不利に働いたといえる。加えて、とくに私学の夜間部などは、集団としての共属感情が生じにくく、それが同窓組織発展の阻害要因になったと考えられる。というのも、夜間部は、教師や学生間の関わりも夕方以降に限定され、関係性が一時的、一面的になりがちであったためである。例えば、ある日大出身教員は母校に対する心情を、以下のように吐露している。

昭和の初期に日本大学に学んだから、ここにもわたしの母校があるわけであるけれど、その頃から日本大学株式会社などといわれたほどのマンモス大学であり、三崎町の校舎しか知らず、外の部の教授や学生との交流もなかったから、卒業と同時に、母校という名称そのものも消えてしまった。

旧制高校の同窓生が、よく昔のままのいでたちで放吟乱舞する情景をテレビで見ることがある。いい年をしてと思われることもあろうが、あそこには青春を母校で謳歌した昔語りがこめられているので、羨しくも思う。大学のＯＢ、超ＯＢたちの姿に接する時も同じ思いである。

マンモス大学のしかも夜間部であったわたしには、母校に結びついた青春の謳歌も愛惜もない（須藤　１９８３、pp．２８４-２８５）。【昭和６年日大高師部卒】

時期によって私学の規模も異なるであろうし、小規模であった創設当初は教員、同級生との関係も比較的濃密なものであったかもしれない。しかし、「全校生徒は寄宿舎に収容せられ、寝食を共にしての教育探究奉仕の生活なので、教官と生徒の間が融和一体化され、家族的親しみを感じた」（福山　１９７２、p．80）【明治44年東京高師卒】、「他の学科の人たちと交流することのできた寮生活は、今日もなお友情を培うことのできる〝場〟を提供してくれた」（生江　１９７８、p．１００）【昭和14年東京高師卒】というように、寮、寄宿舎をもつ高師や旧制高校では生活全般をともにする過程で、全人格的な関わりが生じやすい。それは、「寄宿舎生活をしましたが、……茗渓会員（高師の同窓会）の自覚を養うのに役立ったと思います。そのためか、戦前では満州へ行こうが、中国本土へ行こうが、茗渓同窓であるというだけで、年令の相違等超越して安心して話し、飲んだものです」（高瀬　１９７４、p．68）【昭和７年東京高師卒】といった、卒業後も長く続く同窓意識の基盤になったはずである。一方、そうした生活空間がなかった私学、とりわけ夜学生の共属感情は、希薄にならざるを得なかったであろう。

さらにいえば、そもそも、教員社会での昇進という目的を私学出身者が広く共有していたか、はなはだ疑問でもある。なぜなら、彼らにとって地位達成という価値の追求自体が合理的とはいえないからである。マートンによれば、「将来を見越した社会化は、移動の余地のある、比較的開放的な社会構造の場合にのみ、個人にとって機能的」であって、「こういう構造でないと、地位の変化を見越して態度や行動を整えても、大抵の場合実際に地位の変化がそれに伴わないからである」（Merton 訳書 1961、p. 243）。つまり、閉鎖的な中等教員社会において、私学出身教員は昇進の見込みが薄いのであるから、地位達成というアスピレーションが全面的に昂進したとは考えにくい。例えば、ある私学出身者は自らのキャリアを、次のように振り返っている。

早稲田のような私学出身で一枚か半きれの教員免許状を握り、恩給年限をつとめあげ、高等官五等にまでして戴いておったのだから、平清盛ではないが『位人臣を極めた』というべきである。私は身のほどを知っていたつもりである（高木 1979、p. 244）。【大正11年早大高師部卒】

3．象徴資本としての教師像

3．1．早大出身者の対抗的教師像

そうしたなか、むしろエリート的な出世志向を嫌悪し、新たな教師像を模索、体現しようと試みる言説が、一部の私学にみられている。例えば、早稲田の出身教員を含めた在学生の会として、「早稲田教育会」が大正11年に設立されたが、その意義について、次のように記されている。

……吾人は斯かる団体を作る事に依つて、教育界に一種の党派を作り、其の団体の力を借りて横車を押さうとするものではない。早稲田大学は最高の学府であり、自主独立の気象に富み、進取的な創造性の豊かな自由人を造就するを以て、其の建学の要旨として居る自由学園である。……故に吾人は茲に早稲田教育会なる団体を組織したが、其れは決して例の偏狭なる一党一派を作ると言ふものとは実に雲泥の差があると言ふことを闡明しておく（「早稲田教育会成る」『早稲田教育』第1巻第1号、大正11年、p. 1）。

「例の偏狭なる一党一派」というのは、いうまでもなく高師出身者を中心とする学閥のことであろう。同窓組織を結成するのは、あくまでも学閥を形成する意図からではないことを力説し、そうした党派を結成するような「器量の小さい人間」ではなく、「何処までも抱擁性に富んだ自由人」（同右）であるというのである。また、当時の早大高師部長中島半次郎も、「この学園に養成せられたる者が其の自由な溌剌たる精神を以つて教育界に身を投ずる事は、確かに我が師範教育の改善にとり大なる刺激を与へる事になるであろう」（中島 1922、p. 11）と主張している。ある早大の教員は同窓校長の会合に出席し、その議論から早大出身者の教師像を次のようにまとめている。

……他が閥に頼り、バックにすがり、只管地位の向上、俸給の昇進に齷齪して、学力の修養に怠る傾向のある世相中にあつて、独往邁進の早大出身者の男々しい姿こそ実に頼もしくもあり、誇るべきでもあると思ふ。……由来不羈独立自由解放の精神は吾が早稲田マンの特色であり、誇である。其処に力があり、命があり、独創がある（日高 1935、p. 123）。

さらに、ある学生は早大出身教員のありようを、以下のように紹介している。

> 自由の学園、早稲田に四年間もまれた若き卒業生は自己の抱負と早稲田精神とを以て、大塚の茗蹊《ママ》派に対立して活躍してゐるのである。形式万能主義、消極主義の彼等に対して私立の極めて自由なる雰囲気の中に育まれたワセダニアンは常に中学生の話題の中心となり、その敬慕を一身に集めてゐる。そして誤れる現在の日本の中等教育の矯正に力めてゐるのである（高濱　1929、pp. 59-60）。

このように、在校生と同窓教員組織の機関誌である『早稲田教育』『淡交』等を中心に、早大出身者には、学閥主義や形式主義に反発し、自らを「自主独立」「自由」の精神をもった教師と表象するケースがいくつもみられる。これは、高師出身者の「攻撃的保守性」（山田　2002、p. 221）とは対照的な教師像ということができよう。こうした教師像が広く提起されたのには、どのような背景をみいだせるだろうか。

3．2．象徴資本としての教師像と私学界での位置

それは、高師との間で生じた資本収益率の格差が影響していたと思われる。これまでみてきたように、同じ中等教員養成機関であるにもかかわらず、中等教員のキャリアとなると高師出身者と相当な差が生じ、ときには高師の学閥が私学出身者の昇進の妨げにもなった。したがって、動かしがたい資本格差を教員資質という指標で優位に立とうとするのが、「自主独立」「自由」の教師像であったのではないかということである。さらに指摘して

おくべきなのは、「自主独立」「自由」というのは、早稲田大学の建学精神であった点である。すなわち、こうした教師像は、中等教員の本流＝高師出身者という教員社会での評価図式を一変させるために、多様な高師出身者の実像から、あえて「攻撃的保守性」というイメージを選択的に掲げて貶め、建学の理念であった「自主独立」「自由」という教員気質によって差異化し、自らを高めようとする対抗言説と考えられる。[1] あるいは、建学の理念を「自主独立」「自由」という象徴資本に転化させることによって、高師との資本格差を補塡しようとした戦略ともいえよう。

ただし、対抗的な教師像が生成された背景として、私学界における早稲田の位置を考慮しなければならない。早稲田は慶応と並び、官学に対抗的な理念を掲げ、大学への志向性が強く（天野　1988、p.37）、また実業界などでは給与も官学並みの水準であったなど、社会的に高い威信が与えられていた。例えば、早大高師部の設立に尽力した高田早苗は、高師部の意義を次のように述べている。

> 御承知の通り教育界殊に中等教育界と云ふものには一方……茗渓派……を中心とした高等師範の団体が勢力を占めて居る、一方は又本郷の東京帝大其の他の帝大出身の人々が相拮抗して蟠居《ママ》して居る、斯う云ふやうな有様で長い間あつた。早稲田も私立大学として一方に立つ以上は、或は政治界或は実業界に於てのみならず、教育界に於ても陣を張らなければならぬ、教育界に於て他の二つと並んで拮抗する丈けの力を養ひ、さうして早稲田は早稲田の教育上の趣旨を持つて居るのであるから、其趣旨の普及を計ると云ふことにしなければならぬ（高田　1930、p.5）。

実際、早大高師部の組織の変遷をみていくと、大正5年に高師を模して研究科を設置し、大正10年から高師と同じ4年制を採用している[(2)]。また、高師の文理大学昇格案が閣議を通過した際に、早大高師部の学生も大学当局に対し、大学学部への昇格運動を起こしている（「高等師範部昇格問題」『早稲田大学新聞』第4号、大正11年12月5日、2面）[(3)]。

このように、教員養成についても、早稲田は官学、とくに高師への志向性、対抗意識が強かった。ある在校生はこうした姿勢を次のように皮肉っている。「何時も高師の悪口ばかり言つてそのくせ何時も、高師の雲行きばかり見て、真似してゐるのだから始末が悪い」（幽蛇　1924、p.58）。

3.3．私学夜間部というスティグマ

その一方、私学の養成機関には夜間部も存在した。私学かつ夜間部ということは、教員養成機関として、正系の高師から最も離れた制度的位置にあったといってよい。ある法大出身者は夜学での授業の様子を、以下のように回想している。

> 夜間部で、職業も年令もまちまちであったが、目標があったから、私たちのクラスは身をいれて勉強していた。先生がたも熱心であった。もっとも先生がたのなかに、「君たちは……」と軽蔑的な口調で話される先生がなかったわけではない（平井　1991、p.79）。【昭和5年法大高師部卒】

夜間の養成機関の学生は、小学校教員とのかけもち、高い退学率というように、卒業に至るまでに相当の苦難を経たことを第5章でみた。もちろん、そうした境遇で高等教育を享受できた喜びを素直に認めていた者は多い。

しかし、「軽蔑的な口調」でアイデンティティーを傷つけられたり、「朝より講義を受けて研究に没頭し得る昼間学生に比して少なからず引け目を感」（今井 1972、p.83）【昭和5年法大高師部卒】じたりと、夜学での学びにスティグマを抱いた者も少なからずいたと思われる。

さらに、教員社会に出て以降も、夜学という履歴を実感させられる機会に遭遇したと想像される。ある私学夜間部出身者は、懇意にしていた校長が、転任に伴って自分の昇給を県に依頼した際の事情について、次のように聞かされたという。

県の奴らは物わかりが悪うてね、ぼくの言うことがどうしてもわからん。ぼくの言うことをきかんのだ。こんどの先生は月給が安すぎるから、前例を破って一級俸半、十五円上げろ、とずいぶん頑張ったんだがね、どうしてもだめなんだ。けしからん奴らだ。「私立中学校で、しかも夜学の出身じゃァないか。だいたい県下の名門、青森中学校に迎えることがどうかと思う」などとけしからんことを言ってね。ぼくは怒鳴ってやったよ。『教員の採用にまで口を入れるのは、越権じゃないか』とね。しかし、怒鳴っても月給はこれ以上出させることができなんだ（太田　1973、pp. 32-33）。【昭和10年法大高師部卒】

加えて、日大高師部出身の滑川道夫は、エッセイ「学歴劣等感について」で、以下のように記している。

夜学を卒業して、研究会や座談会に出るようになってから、学歴劣等感におそわれた。東大をはじめ名門大学出身者が、エリート意識で、わたしにはわからない外国語の術語を交えて発言したすえ「出身校はどちらですか」などといわれると、ぞくっとしたものである。そんなとき「独学です」「夜学です」と大きな声でいい返した時期もあった。思えばこれも劣等感の裏返しにすぎなかった。

かれらは先輩後輩が助け合い、もり立て合い、仲間をひろげようとしているかのように見えた。学歴のないものは、話し合いに入ることをためらわずにはいられないような、ふんい気ができあがる。そう見えるのは、こちらの劣等感なのであるが、それでもどうにもならない（滑川　1982、p.103）。【昭和13年日大高師部卒】

中等教員社会は、帝大から高等教育歴のない文検出身者まで、その学歴構成はきわめて多様であった。高等教育を経たといえ、私学の夜間部出身であることは、「学歴のないものは、話し合いに入ることをためらわずにはいられない」といった性向を形成する一因となったように思われる。この学歴資格と態度形成との関係について、ブルデューは次のように説明する。

学歴資格が保証するとみなされている「教養」は、支配者側の定義における「完璧な人間」をかたちづくる基本的構成要素の一つであり、その結果、教養が欠けていることはその人のアイデンティティーと人間としての威厳を傷つける本質的な欠陥とみなされるので、あらゆる公式の状況、すなわち自分の身体、振舞い、言葉遣いをもって「人前に姿を見せ」、他人の前に出なくてはならない場合、その人は沈黙を強いられてしまうのである（Bourdieu 訳書　1990b、p.213）。

同様に、夜間の立正大出身教員【昭和7年高師科卒】も、「私の僅かな経験を通して言えることは、私学出の僻目かとも思われるのは学閥である。……何といっても官立出身の教員が職員室でも大きな存在に見えた」（松永1985、p.78）という。私学夜間部という履歴は、教員集団における帝大や高師出身者を際立たせ、彼ら中心の社会から一歩引いた位置に留まらせる効果を有したのではないか。夜学出身者の場合は、早稲田と異なり、対抗的な教師像の言説がほとんどみられないが、この点が影響しているのかもしれない。

4. 私学出身中等教員の教師像

4.1. 生徒からみた私学出身教員

それでは、こうした私学出身教員は、教え子たちの目にはどのように映っていたのだろうか。最後にこの点を検証しておきたい。ある者は戦前期の中等学校の教員集団に、次のような下位集団が分立していたと指摘する。

……教員社会であるが、どこの学校でもみられたことではあろうけれども、此所でも、いわゆる師範校出身型ともいうべきか、管理教育的立場を重視するグループと、文化人型ともいうべきか生徒各自の天分を自由にノビノビと伸ばすことが教育と考えるグループとがあった。前者には、もちろん、年配で、教育者たることを目指す正規の師範学校出身の方々が多かったが、後者には出身校が相違し、専門分野がそれぞれと異なるが、年令は大体三十年代後半から四十才を越したばかりの方々であった（新崎1978、pp.99-100）。

このうち、私学出身の教員たちは後者に属していたという。そして、このグループは「いづれも反骨精神旺盛の人達で、お互いに校外でも仲良くつきあってはいるけれども、いわゆる派閥的行動を校内でとるというような訳ではなかった」(同右、p.100)。また、大正期の山形師範における「高師出」と「私学出」の教員について、以下のように対比されている。

……高師出と私学や傍系出では、俸給でも差別待遇されていたから、この両者は、人間的にも「水」が合わなかったろうし、差別のしこりや、学閥をめぐるミゾもあったようだ。
だが、高師出は一つ釜の飯を食べてきた同士としてのつながりが強いのにたいし、私学出や傍系はそれぞれの出身校がちがい、専門分野も異っているから、結束することなど及びもつかないことであり、いわば一匹狼としてわが道を行く立場であった。
私学派には野性的な、あるいは個性的な先生が多く、教師タイプができあがっていないから楽しかった。少くとも英語の松沢(引用者注:青山学院卒)、漢文の朝井先生(引用者注:東洋大卒)のような型は、師範系の鋳型からは生まれないだろう[4](須藤　1971、p.55)。

これらの私学派の教員のなかで、最も印象的であったという国学院出身教員については、次のように回想されている。

わたしは夜になると先生のところに遊びにいっては、国文学の話などをきいていたが、たまたま試験が近づいてきた。

わたしは先生に、あまり勉強しなくても七十点とれる問題を出してくださいといったら、「面倒だから、お前が問題を作れ」というのである。これには面くらったが、どうせあとで先生が直すにちがいないと思ったから、いい気になって問題を作った。

まさかそのまま出るとは夢にも思わなかったのに、なんと試験問題はそっくりそのままなのに驚いた。しかもこんどは「君が作った問題だから君が採点しろ」と答案用紙をわたしにおしつけ、先生は奥さんとどこかに出かけてしまったのである。いくら心臓が強くとも自分のものを満点にするわけにいかないので、わたしのものだけはそのままにしておいた（同右、pp. 55–56）。

また、作家の海音寺潮五郎は、中学時代における哲学館出身の教師が格別に印象深かったとして、自伝のなかで次のように回顧している。

先生は豪傑風な方だったが、物欲、名誉欲、権勢欲など一切ない感じで、操守まことに厳正であった。しかし、かたぐるしい厳格さは少しもなかった。徳をもって人を化す底の方で、生徒らは「亀サア」と呼んで、信望が集まっていた。教えを受けた者は、今でも思慕している。

……

教授法などはごく旧式で、若い高師出の先生たちのようにうるさいくらい行きとどいたやり方ではなかった。予定のところまでさらさらと講釈されると、あとは時間の来るまで先を朗読して下さる。その朗読が実に美しい。聞いているだけで大体の意味がわかる気がした。漢文の調子がのみこめたのは、そのためであったと、今でも思っている。

先生ほどの人でも、ある時ある文字の音義が疑わしくなられたらしい。平手でぽんぽんぽんと頭のてっぺんをたたいて、

「こうだと思うが、ちょっと怪しゅうなった。しばらく待っとれ」

といって、のそのそと職員室に行き、大きな字引をかかえて来られた。それを引いて、

「やっぱり違っとらんじゃった。さっきのでよいのじゃ」

といって、先に進まれた。そのこだわりのなさが、何ともいえずよかった（海音寺　1972、pp. 109-110）。

もちろん、私学を経た教員たちが、生徒たちの目にいかに映っていたのかを一律に論じることは不可能である。しかし、前掲の事例のように、その教育的ふるまいや授業の方法については、決して標準的、模範的ではないが、生徒にとっては印象深い教員が比較的多く輩出されたという仮説は成り立つように思われる。それはなぜか。

4．2．高師出身者のキャリアと教師像

さて、仮説の説明に入る前に、その対照として、高師出身教員のキャリアと教師像に触れておきたい。山田は高師出身者のキャリアの特徴を、次のように要約している。

……すぐれた能力を持った教師は高等教員に引き抜かれることもあっただろう。しかしそれはその教師の実力とともに「伝説」になるほど稀なことであった。そうした僥倖を頼みにするよりは中等教員内でキャリアを積み、そこで出世することの方が高師出身者にとっては重要なことと考えられたであろう。また転職の望みがない高師卒業者にとっては、瑕疵無く職務を遂行することがもっとも重要なことになる。中等教員の職を失えば、あるいは同窓の信頼を裏切ると、他に生きていく道は存在しなかった（山田　２００２、p.２１２）。

これは帝大出身者との比較から考察されたものであるが、少なくとも高師出身教員は、私学出など他の教員よりも出世が約束された存在であった。そして、地位達成の可能性が開かれているということは、管理職への昇進が予期され、それに向けて社会化されることでもある。また、制度的にも、高師は「教育の総本山」という教員養成の正系であり、出身者は「有資格教員中の有資格教員」（中内・川合編　１９７０、p.85）とされた。東京高師出身【大正６年卒】の福原麟太郎は、入学当初、以下のような講話を聞かされたと明かしている。

峰岸生徒監は、こういう意味のことを言った。――この学校は、国家が国民の教育に当るべき教師を養成するところである。諸君はその教師になる目的をもって入学せられた。そもそも国家は、その国家を経営してゆく理想に従って、国民を教育しなければならない。これは理の当然である。本校は、その国家の理想に従って、その理想とするがごとき国民の教育にあたる教育者を養成することをもって任務とする。諸君はそのような教育者になるのである。だから、諸君は、自由ではない。自由なる思想は許されない（福原　１９６９、p.１３０）。

こうした養成機関に付与されるチャーター（Meyer　1977）は、高師出身者に管理職への昇進を当然視させる効果をもったとも考えられる。例えば、ある出身者【昭和4年東京高師卒】は、「高崎中学に赴任して先輩の教頭からいろいろと指導を受けた。また教頭は新卒の自分を将来のホープとして期待していた。私も期待に反しないよう、東京高師の名を汚さないように努めた。教頭は私に教務の仕事を命じた。……初めから学校の中枢の仕事を仰せ付かった」（築山　1969、p.80）と、新任当初から高師出身教員に求められる役割をそれとなく自覚していった。一方で、そうしたエリート教員としての将来的な役割期待は、出身者への圧力となっていた可能性もある。なぜなら高師を出て長年ヒラの教員で居続けることは、彼らにしてみれば、社会化の失敗を意味したはずだからである。

そして、キャリア・トラックが明確な中等教員社会で、将来が約束される位置にあるとすれば、「瑕疵無く職務を遂行すること」（山田　2002、p.212）、つまり教員規範に逸脱しないことに留意し、学校秩序に強く同調することが、昇進に対しては合理的といえる。第4章でも引用したが、ある私学出身者は次のようにいう。「官立の『最高学府』か、高等師範かを出れば十年も経てば教頭位にはなれる。そして旨く転べば校長にもありつける。勉強なんかしなくもいゝ。ストライキが起らない程度に生徒を叱つて整然とさせ、教場でするだけの努力は、その代りに出席の統計や交際に費してゐれば、なんとか尻上りにおしあげられてゆくのださうだ……」（青龍　1922、p.57）。

加えて、高師出身者のキャリアには、昇給や昇進を求めて転任を繰り返すといった、移動の流動性が高いという特徴があった（山田　2002、pp.143-144）。そのため、第6章でみたように、帰郷者の割合が低く、学校が所在する地域からすればよそ者が多かった[5]。となれば、彼らは地域の学校文化や教え子との間で、距離の生じる可能性が高かったのではなかろうか。なぜなら、よそ者は、接近集団の文化を解釈する枠組が習慣的に形づくられていないため、不適応を起こしやすく、また接近集団への忠誠心が弱いとされるからである（Schütz 訳書 1997）。さらに、第7章の結果からも推測されるように、彼らは転任を繰り返すから、地域や学校との結びつきも一時的なものになったはずである。

高師出身者にはこうした社会集団的な特性があった。彼らは教師の質という点では、高いレベルで標準化されていたかもしれない[6]。しかし、規範的であったがゆえに、学校の官僚制的秩序に忠実であった。そうした姿勢が、結果的に人間的魅力に欠けるとしばしば指摘され（山田 2002）、生徒の内面に深く刻まれるような教師が生まれにくかったとも考えられる。埼玉師範のある卒業生は、当時の教員集団の様子を次のように述べている。

> 私の出た埼玉県師範学校の教師の幹部は、殆んどが東京高等師範学校の出身で、何れも堅い教授法を心得て、老校長を中心に、合理的な学校運営をしていたが、如何にも官僚的な冷たい雰囲気であったように思う。それにくらべて、東京から通う嘱託講師や他の学校出身の末席教師の方が、自由の雰囲気を作ったり、ロマンの夢をみたしてくれたりするので、生徒の心がこうした教師にひかれるのは自然の情勢でもあった（相沢 1961、p. 133）。

4．3．私学出身者のキャリアと教師像

一方、私学は傍系ルートであるから、高師のようなチャーターによる正当化効果は生じにくかった。第2章で

みたように、私学の養成機関に対する社会的評価も決して高くはない。また、地位達成の見込みも低いために、昇進という圧力にさらされることも少なかったであろう。その意味では、学校の官僚制的秩序や教員規範に、強く同調する必要性は弱かったといえる。そして、そうした位置にあるからこそ、「物欲、名誉欲、権勢欲など一切ない感じで」(海音寺　1972、p.109)、教育に関わることができたように思われる。ある私学出身者は教員社会における自らの立場を次のように表明する。「私は私学出であつて一人一党主義者であり、教育第一義に生きんことを念願するものである。派閥の如きは私の絶対に嫌忌し蔑視するところである」(窪田　1949、p.121)。【明治41年早大高師部卒】

その一方、官僚制的秩序のなかで抜かりなく職務をこなすという、エリート教員の価値から自由であった私学出身者は、生徒に試験問題をつくらせた先の事例のように、ときには職務規範から逸脱し、学校から問題視されることも少なくなかったのではないか。ある早大出身教員によれば、「稲門出身者は何れの型にしても、総じて独立不羈であり、アンビシアスであり、人間的、民主的、庶民的であるので、学校では断然生徒には人望があり、人気がある。それがまた学校当局から禍をうけることもある」(田中　1986、p.404)。また、高師と比べて、授業の方法も良い意味では独特、逆にいえば稚拙であったかもしれない。一時期、津中学で教鞭をとった作家中山義秀【大正12年早大文学部卒】は、授業のあり方について、次のように記している。「高等師範出や外語出身はともかく、大学出よりも検定あがりの独学者の方が、むしろしっかりしていた。私のように私大を出て、自己流の勉学しかしなかった者は、生徒を教授するにあたって、語学を初めからやり直さなければならないような始末だった」(中山　1961、p.217)。しかし、彼らのふるまいは、高師中心の正統的かつ閉鎖的な教員文化から距離を置き、ときには逸脱的であったが故に、生徒たちの内面に深い印象を与えることも多かったのではないか(7)。さらに、高師と異なり、私学出身者は帰郷者も多いことから、生徒との間で同郷意識を共有し、共属感情が生まれやすかったはずである。

当然ながら、すべての私学出身教員がそうであったとはいえない。また、これらが出身教員の実態を映し出しているものか、あるいは表象、イメージにとどまるものであるのか、判別しにくいという問題もある。しかし、傍系という教員社会での位置が、正統的な教員文化の中心からはやや離れた教員を生み出す土壌になっていたのは、確かであるように思われる。

5. まとめ

本章の考察をまとめると、次のようになる。

私学出身教員は、とくに高師出身者の学閥が障壁ともなり、教員社会の周辺的位置におかれ、不満を募らせる傾向にあった。かといって地位向上のために、自らの学閥を発展させるほどの集団的凝集性を持ちえなかった。そうしたなか、キャリアに伴う資本収益率の差を補填するため、対抗的な教師像を創造する早稲田のような事例もあった。その一方、私学のなかでも夜学出身という履歴は、スティグマを生みやすく、対抗的な表象を行うことがみられなかった。

しかし、傍系的位置にあったからこそ、高師出身者のように将来の地位に拘泥することなく、教員規範からも比較的解放され、生徒たちと人格的に向き合う意識が生まれやすかったのではと考察した。また、規範から自由であったために、ときには逸脱的な行動を白眼視されることもあったが、それ故に、生徒の印象に残ることになったと考えられた。さらに、よそ者が多い官学に比べ、私学出身者には帰郷者が多かったことから共属感情が生じやすく、生徒との関係も比較的親近になりやすいと推測した。

作家横光利一の中学時代における同級生の回想からは、こうした高師と私学出身教員との対比が鮮明に描かれている。

……教頭さんは塩谷庸二郎という先生で、これは紀州藩の家老の出で、高等師範学校出のコチコチの先生。学校の校規を非常にやかましく注意する人で「ゲートルの巻き方が一段低い」「カラーのホックスがはずれておる」などと口うるさいことをずいぶんやかましく言った先生でした。ことに数学の先生なもんですから、横光はちょっと、目のかたきにせられたような感じがありました。……横光はこんな学校はいやだというようなことを人に洩らしたり、その感じが、たしかにあった(由良　1996、pp.18-19)。

横光にもう一つ影響を与えた先生は、英語の島村嘉一先生でした。これは、早稲田の坪内博士の御弟子で、たしか、吉江孤雁(喬松)と同期生であったと聞いております。私もこの島村先生には可愛がられた。……大変英語が良くできまして、美しい感情の持ち主でした。その当時の中学校の校友会雑誌に「詩聖テニソン」という論文を書かれた。これなどは、実に美しい論文で、私共その当時、これは暗誦する位で、いかにも好んで読んだものでした。

教場でも中学生相手にテニソンを論じ、シェークスピアを語った人でした。たしかに横光に影響を与え、それから横光を早稲田大学に向けたのは、たしかにこの先生の影響であった。その当時、横光はたしかに早稲田の、自由にして、生気のある学風を、だんだん、この先生を通して憧れるようになったのではないかと思います（同右、pp. 21-22）。

図8は、私学出身中等教員の集団的特性を、高師との対比から図式化したものである。ここで示された教師像は私学出身者の実態を反映していたとともに、一つの想像された、あるべき規範でもあったように考えられる。そして、それは正系の高師から差異化し、教員社会で適応するため、生きていくための戦略であったともいえるのである。

図8：私学出身中等教員の集団的特性

	給与	昇進可能性	集団凝集性	地域移動	価値志向	教師像
〈傍系〉						
私学	低	低（ノンキャリア）	脆弱	固定的（帰郷）	人格主義	自由・放漫
					差異化	
〈正系〉						
高師	高	高（キャリア）	強固（学閥）	流動的	出世志向	堅実・形式

〈注〉

（1）これはブルデューのいう、上昇志向をもった中間階級の性向に近い。つまり、「外観によって実体を追い越し、現実を獲得するために外見を、現実的なものを得るために名目的なものを所有化し、分類＝等級づけにおける序列あるいは分類原理の表象を変化させることによって客観的分類体系内における位置関係を変化させる」性向のことである（Bourdieu 訳書　1990a、pp. 390-391）。

（2）第1章で言及した明治32年「公私立学校、外国大学卒業生ノ教員免許ニ関スル規定」（文部省令第25号）によると、「許可ヲ受ケタル公立私立学校ニ入リ三学年以上在学シテ卒業シタル者」が無試験検定をうけることができたのであり、官立高師と同様の4年制でなく、3年制でも許可学校として認められた。

（3）戦後、早大教育学部創設に尽力した佐々木八郎は、当時の様子を次のように述べている。「無論高等師範部を大学部に昇格させねばならぬということは大正時代から関係者一同の熱烈な念願であって、大正九年の師範部昇格運動の如きはその熱望の発現であり、東京・広島両高等師範学校が大学に昇格した場合には必ず考慮するという一札を高田総長から受け取っておさまったという秘話さえもあった。当時の中等教育界を四分してその一を持していた状勢にあってはこういう念願の切実であったことも当然である」（佐々木　1986、pp. 12-13）。【大正8年早大高師部卒】

（4）例えば、この青山学院出身教員については、次のように紹介されている。「伝統派にも高師閥にも憎しみに似た炎を燃やしていたらしいのは松沢先生だ。穴沢流とかの柔道をやるという偉丈夫だ。教官仲間からは敬遠されていたようだが、生徒からは人気があった。流れるようなリーデングに魅了されたのと、教官連にたいする痛烈な批判にひきつけられていったのであろう」（須藤　1971、p. 58）。

（5）例えば、先の山形師範における高師出身の教員グループについても、次のように評されている。「これらの先生は、いずれも他県の人であるから、中には思いがけない配流にあったような心情で悶々としていた人もいたようだし、新時代への炎を燃えたぎらせていた理想主義者もいた。またここを一つの飛躍台として次の任地をめざしている先生もあった」（須藤　1971、p. 53）。

（6）高師の４学年最終学期はすべて教壇での実習となっており、このためもあってか、高師出身者の授業が巧みであったという指摘は多いように思われる。それに比して、私学の場合は充実した実習の機会が限られており（山﨑　２００８など）、その代わりに参観視察等が実施されていた（山﨑　２００９）。

（7）この部分に関して、生徒の印象に深く残る教師とはいかなる存在か、という根本的な問題もある。ただ、それはおそらく生徒が教師に対して何を期待しているかにも依存しているはずである。具体的には、ブルデューほか（訳書　１９９９、p. 21）によれば、「青年期に特有な価値観は、カリスマ的ないし伝統的な教育、すなわち、体系的な身の処し方 status totaux を準備する総合的教育［全人教育］を期待する傾向がある」。このように、青年期にあった中等学校の生徒が、人格的な教育者を期待する傾向にあった点も、私学を経た教員が、比較的彼らに強い印象を与えた要因の一つではないだろうか。

終章

結論

1. 考察

本書は、戦前期日本の中等教員養成における私学の機能について検証してきた。最後に、得られた結果を総括しながら、私学による養成の意味と機能とはいかなるものであったのかを、改めて考察してみたい。

1.1. 戦前期中等教員養成制度の開放性と私学の多様性

これまで戦前期の中等教員養成は、開放的な制度構造をなしていたと指摘されてきた（中内・川合編 1970、p.84、寺崎 1983、p.346、大谷 2001、p.330）。確かに、初等教員と比較して養成ルートが多様という意味では開放的といえる。事実、明治30年代に無試験検定の恩恵を受けて以降、私学は他ルートに比して比較的高い割合で有資格教員を輩出し続けた。そして私学は、断続的な教員需要の拡大、学校経営・存続のための戦略、人文系における職業教育の必要性など、さまざまな事情が絡まって、高師部という養成に特化した機関を各自発展させてきた。とりわけ、夜間の高師部は、立身出世の風潮のなかで地方に埋もれた小学校教員の上昇移動のチャンネルとして、官学にはない特異な機能を有していた。つまり、私学内部においても養成のヴァリエーションが存在していたのであり、開放性が私学の多様性を生む土壌であったともいえよう。

しかし一方で、必ずしも開放的とはいえない性格をもちあわせていた点も理解しておくべきである。そもそも私学の無試験検定が許可される審査過程でポイントとなったのは、カリキュラム、担当教員、設備等が高師の基準を満たしているか否かという点であった（船寄・無試験検定研究会編 2005）。その意味では、私学の養成も高師と同型のシステムが要求されたのである。早大高師部の設立に尽力した高田早苗は、この点について、次のように指摘している。「文部省の監督は総て高等師範学校を標準として行ふのであつて高等師範学校其のものよりも一層厳密なる監督を私立学校に対しては行ふのであるから、……各学校が特権を附与せられて教員養成に従事するも毫も特殊の教育を行ひ、特殊の功績を挙ぐべき余裕を有つことは出来ぬ有様である」（高田 1907、p.37）(1)。すなわち、国家による養成の質の担保という意味合いが強いとはいえ、私学における養成教育の特徴を生みにくい制度であった点は留意すべきであろう。

1.2. 私学出身者の中等教員社会における周辺的位置

そして、養成制度が開放的であったにせよ、なにより中等教員社会は閉鎖的な社会空間であった。教員供給の調整弁としての役割を担った私学は、教員需要が高い時期にはその出身教員が重んじられたものの、官学のみで需要が満たされる状勢になると、他ルートとの競合によって教員社会への参入を排除される傾向にあった。その場合、キャリアを初等教員からスタートせざるを得ず、また、中等教員への上昇移動を期して夜間の高師部に在籍した小学校教員も、多くが卒業後もそのまま初等教育界にとどまっていた。加えて、私学の場合、帝大や高師からは教員が供給されなかった、中等学校としてはやや威信の低い実業学校に就職機会が広がっていた。そもそも、戦前期における高等教育卒業生の社会的配分は、「まずは『官』セクター（行政官僚）の人材要求を官立諸学校、とりわけ帝国大学によって優先的に満たし、次いで『公』セクター（各種の専門的職業人）の要求に応ずるために官立の諸専門学校を設置し、同時に不足部分の補完を私立専門学校に求め」たとされる（天野 2009、p.256）。まさに、中等教員の世界においても、私学は「不足部分の補完」という役割を背負っていたといえる。ただし、それは必然的に教員社会の周辺領域に位置づくことも意味していたのである。

さらに私学出身者は、就職機会、勤務校や給与面にとどまらず、校長数とその昇進スピードにおいて高師出身者を大きく下回っており、中等教員社会のなかで著しく昇進機会が限定されていた。それは主に、校長を中心とする同窓のネットワークが脆弱で、社会関係資本が限られたためであり、ごく一部にみられた校長への昇進者は、特別の実績が認められたことによるとみなされていた。つまり、私学を経た時点で、相当程度、ノン・エリートの教員として生きていくことを宿命づけられたのである。とりわけ、中等教員の社会構造における閉鎖性を促進する要因が、学閥、とくに高師のそれであった。高師の強固な学閥は、階層上位の帝大に対する勢力伸長を目的とした対抗戦略であったが（山田　2002）、同時に下位階層に対する排除戦略でもあった。ある教員によれば、「私立出身者が教頭ともなれば『彼れも行くところまで行った』との不謹慎の言を弄するのが、K閥・T閥によって校長の椅子の壟断された時代のK閥T閥の通念であったものだ」（窪田　1950、p. 31）。教員の社会的軌道に着目した場合、とくに私学のような傍系にとっては、きわめて閉塞的な社会であったということができる。

1．3．教員社会での位置に基づいた私学出身者の教師像

こうしてみてくると、戦前期の中等教員社会では、養成ルートに応じて、キャリアに分化が生じていたと指摘できる。養成ルートはそのまま、中等教員としてのキャリア・トラックを規定するものでもあった。同時に、高師出身、私学出身といった正系、傍系に応じて、将来的なキャリアの見通しをも可能にした。それは、おそらく予期的な社会化の要因となり、教員としての態度形成、教師像のあり方に水路づけられていったと考えられる。というのも、「社会的位置と、それらの位置を占める人々の性向――あるいは同じことだが、それらの位置を占めるよう導いていった軌道――とのあいだには、非常に強い相関関係がある」（Bourdieu 訳書　1990、p. 172）。

例えば、正系の高師であれば、校長になることが運命づけられた存在であり、エリート教員の規範にそのふるまいが規定されたであろう。高師出身者がしばしば非人間的で保守的な態度を示したとされるのは（山田　２００２）、養成の正系というチャーターの影響と同時に、管理職に強く結びついたキャリアによる予期的な社会化作用によって、学校の官僚制的秩序に逸脱することなく、着実に勤務することが彼らにとっての規範となり、役割期待となったためであろう。

一方、私学の場合、教員社会の周辺に位置づけられたことは、当然その位置に応じた教師像や教育的ふるまいに結びついていったと考えられる。実際、私学出身教員は高師の学閥が障壁になるなど、不満を募らせる傾向にあったが、自らの学閥を発展させるほどの集団的な凝集性を持ちえなかった。そうしたなか、対抗的な教師像を提起して、自らを差異化しようとする早稲田の事例もみられたのである。さらに、キャリアに関していえば、彼らは教員社会での地位達成というエリート教員の価値規範からは、少なからず解放されていたように思われる。ブルデューは、「社会的老化」と称した「緩慢な喪の作用」を、次のように説明している。

この作用によって行為者たちは、自分の願望を今ある客観的可能性に合わせ、そうして自分の置かれている存在状態と折りあいをつけて、自分があるがままのものになろうとし、自分がもっているものだけで満足しようとするようしむけられてゆくのだ。たとえ自分があるがままの姿や自分がもっているものについて、自分自身をあざむこうとしながらでもある（Bourdieu 訳書　１９９０、p. １７３）。

そもそも、私学の養成機関は十分な選抜・選別がなかったこともあり、制度的にも評価が低く、輩出された教員の能力を懐疑的にとらえる見方も存在していた。とりわけ、養成の正系であった高師から制度的に最も遠かった私学夜間部においては、その側面が強かったであろう。そうしたなか、「出身学校によるの匙加減は何時の世になつても我国にはあること故、私学出の者の出世のを《ママ》そいのは仕方がないとしても最後は要するに実力と誠実の問題だ」(河野　1924、pp.57-58)と実力主義を吹聴しても、実際には動かし難い現実がある。つまり、教員社会は「たとえ実力があっても、この学閥以外の人たちは校長などは夢物語で、せいぜい二流校の教頭か、実科女学校級の校長、教頭におさまるのが上の部であった」(須藤　1971、p.54)。よって、「兎に角学校時代は何実力さへあれば何もいらないなどと云ふ覇気に富んだことを考へてゐるが愈々出て見るとなかなか淋しい気分にもなつて来るものだ」(天津　1923、p.61)と、教員社会に生きるなかで、社会的老化の作用、すなわちノン・キャリアが自らの運命を悟りつつ、地位達成という野心を徐々に低下させていったように思われる。

だからこそ、彼らは血縁、地縁のある故郷の地で生きることを選択し、郷里の子弟の育成にたずさわることに、自らの役割を課していたのではなかろうか。私学出身者はキャリアを経るにつれ、帰郷率が高くなるが(第6章)、教員社会を生きる過程で、自らの境遇を実感し、徐々にそうした意識を強めていったためのように考えられる。さらに、エリート教員の価値規範、すなわち、教員社会での出世志向と、それに伴う「瑕疵無く職務を遂行することがもっとも重要」(山田　2002、p.212)といった学校の官僚制的秩序への同調から比較的自由であったことは、別の教員タイプを生む背景になったといえる。つまり、正統的な教員文化から距離を置いた、やや逸脱的ではあるが、それゆえに生徒の印象に強く残る人格的、文化人的な教師をはぐくむことにもなったのではないか。加えて、よそ者が多い官学出身者に比べて、帰郷者が多かったことから共属感情が生まれやすく、生徒との関係も比較的親近になりやすかったことも、以上の教師のあり方に影響を与えたものと想起される。

これらは、あくまでも仮説的な考察である。とはいえ、原田実（早大高師部教授）は私学が輩出する中等教員について、次のように評価している。

中等教員は私立学校からも出てをり、そしてそれが、如何に中等教員気質にゆるやかなヴアライテイーを与へてゐるか知れないと思ふ（原田　1925、p.5）。

従来私立の師範学校が制度上許容されない為めに、私立大学の高等師範部なるものは皆専門学校令に依つて経営され、僅かに無試験検定の恩恵にあづかるといふ卑屈な境遇にあり、従つてその発達の上に非常な制限を受けて来た。それにも拘らず事実に於て多数の教員を産出し、教育界に常に一特徴を送り、やゝもすれば単一画一の風に流れんとする日本の教育を或程度まで、よき意味に於てノマダイズして来てゐる（原田　1937、p.200）。

もちろん、こうした教師のありようは、養成を担った各私学の理念や校風を反映したものとも考えられる。しかしながら、閉鎖的、閉塞的な教員社会が、ノン・エリートを生み、かつ彼らの態度形成を規定する一因ともなって、それが差異化・卓越化の戦略であったとしても、学校秩序や教員規範から比較的自由な教員を輩出する土壌になっていたと推測できる。原田も示唆するように、そうした私学出身教員が、決して正統ではないが戦前期の中等学校における教員文化の一要素を形づくり、結果的に教員文化に多様性をもたらしていたように思われる。こうした教員の輩出こそが、中等教員養成における私学の重要な機能といえるのではなかろうか。

2. 課　題

本書を閉じるにあたって、今後の課題について述べておきたい。

まず、取り上げた事例の代表性という問題である。本書では、戦前期の教員養成における私学の機能を検証するため、明治後期より無試験検定を得た伝統的な私学を主な事例として取り上げた。しかし、無試験検定の学校数が増加するのは、大正末から昭和初期にかけてである（第1章）。また、戦前期私学の高等教育が文系に著しく偏っていたとはいえ（天野　1986）、東京物理学校といった理系の私学の養成について、詳細に検討できなかった。いずれにせよ、きわめて多様な私学が中等教員養成を担っていたのであり（船寄・無試験検定研究会編　2005）、本書でその点を十分にすくい取ることができたとはいえない。第7章では、中等教員社会を取り上げて、私学出身者を一つのグループにまとめて検証できたが、一つの県の事例であり、時期が昭和初期に限定されたなどの問題もある。いずれにせよ、代表性により一層の配慮がなされた資料と分析が必要になろう。

また、本書は教員養成における私学の機能に焦点づけたため、キャリアの分析が中心となり、養成機関の内部過程に十分にふみこむことができなかった。(2) 第1章で制度的な特質からその学生文化を、第5章では夜間部に関して、通学の実態、高い退学率などを検証したが、それ以外については取り上げることができていない。官立高師についてはその学生文化に関する研究がみられるが（山田　2006）、それとの比較を含め、私学の養成における詳細な内部過程の解明が求められよう。

さらに、課題として挙げられるのは、いかなる来歴を経た者が私学の養成機関に入学したのかという、インプットの領域を検討できなかった点である。官立高師は、高等教育機関のなかではとりわけ農業階層出身者の割合が高い点が特徴であり（片岡・山崎編 1990、山田 2002）、伝統的階層から近代的専門職へという上昇移動の媒介項として機能していたことが知られる。では、私学はどうであったのか。第5章では、夜間の養成機関には、家計の都合で上級学校への進学が許されなかった地方小学校教員が、その上昇志向の再加熱を背景に広く入学していたものと推測した。つまり、世代間移動とともに、世代内移動の手段として機能していたと考えられる。しかしながら、他の私学を含めて、入学者の社会階層に迫れる資料を得ることは現段階ではできなかった。私学の養成機関にはいかなる階層出身者が属していたのかという点の解明は、戦前期の社会移動研究にも示唆を与えるとともに、卒業後の教師としてのあり方を探る上でも重要である。というのも、出身階層と社会における態度形成とが絶ちがたく結びついていることは、広く指摘されるためである（Bourdieu 訳書 1990、Willis 訳書 1996など）。

その他にも、主にキャリアの分析が大正期以降に偏ってしまったという時期的な課題がある。また、主観的意味世界に迫るために本書では広く自伝を引用したが、その多くは戦後に著された回顧的記述であるため、記憶の再現性や、現況に応じて過去が再解釈される（Berger 訳書 2007、p. 84）といった内容の妥当性において、問題がないとはいえない。いずれも資料的な制約が大きいが、今後の課題としておきたい。

〈注〉

（1）これは、組織論でいえば抑圧的同型化（DiMaggio and Powell　1983）に該当する事例と思われる。抑圧的同型化とは、主に組織の外側の関係者や国家などの勢力によってなされる組織の同型化の一形態であり、複数の組織が多様化せず、強権的に一律化される作用のことをいう（同右）。

（2）私学における養成のカリキュラムの特徴については、かつて拙稿にて検証を行った（太田　2010）。宗教系私学に宗教関連の科目が設定されていたこと、高師と比して教科に関わる専門科目の比率が若干高いことを指摘したが、私学の養成の特徴を十分に把握するまでには至らなかった。これは先にみたように、無試験検定の許可学校が、原則として官立高師の教育課程に準拠していたためとも考えられる。

〈引用・参考文献〉

【全体に関わる文献】


天野郁夫、1989、『近代日本高等教育研究』玉川大学出版部。

天野郁夫、1993、『旧制専門学校論』玉川大学出版部。

船寄俊雄、1998、『近代日本中等教員養成論争史論』学文社。

船寄俊雄・無試験検定研究会編、2005、『近代日本中等教員養成に果たした私学の役割に関する歴史的研究』学文社。

陣内靖彦、1988、『日本の教員社会』東洋館出版社。

片岡徳雄・山崎博敏編、1990、『広島高師文理大の社会的軌跡』広島地域社会研究センター。

牧昌見、1961、「中等教員の資格制度」中島太郎編『教員養成の研究』第一法規出版、pp.150-174。

牧昌見、1971、『日本教員資格制度史研究』風間書房。

三好信浩、1991、『日本師範教育史の構造』東洋館出版社。

中島太郎編、1961、『教員養成の研究』第一法規出版。

中内敏夫・川合章編、1970、『中・高教師のあゆみ』明治図書。

佐藤由子、1988、『戦前の地理教師』古今書院。

寺崎昌男、1983、「戦前日本における中等教員養成制度史」日本教育学会教師教育に関する研究委員会編『教師教育の課題』明治図書、pp.344-355。

寺崎昌男・「文検」研究会編、1997、『「文検」の研究』学文社。

寺崎昌男・「文検」研究会編、2003、『「文検」試験問題の研究』学文社。

山田浩之、2002、『教師の歴史社会学』晃洋書房。

山田浩之、2006、「高等師範学校生のライフヒストリー」松塚俊三・安原義仁編『国家・共同体・教師の戦略』昭和堂、pp.177-202。

山田昇、1993、『戦後日本教員養成史研究』風間書房。

【学校史関係の文献】


青山学院編、1965、『青山学院九十年史』青山学院。

青山学院五十年史編纂委員会編、1932、『青山学院五十年史』青山学院。

「青山学院120年」編集委員会編、1996、『青山学院120年』青山学院。

同志社社史史料編集所編、1979、『同志社百年史　通史編一』同志社。

法政大学編、1961、『法政大学八十年史』法政大学。

法政大学百年史編纂委員会編、1980、『法政大学百年史』法政大学。

国学院大学編、1940、『我が国学院大学』国学院大学。

国学院大学編、1982、『国学院大学百年小史』国学院大学。

国学院大学八十五年史編纂委員会編、1970、『国学院大学八十五年史』国学院大学。

国学院大学八十五年史編纂委員会編、1979、『国学院大学八十五年史　史料篇』国学院大学。

国学院大学校史資料課編、1994、『国学院大学百年史　上巻』国学院大学。

国学院大学校史資料課編、1994、『国学院大学百年史　下巻』国学院大学。

校史資料課編、2002、『国学院大学百二十年小史』国学院大学。

駒沢大学八十年史編纂委員会編、1962、『駒沢大学八十年史』駒沢大学八十年史編纂委員会。

駒沢大学百年史編纂委員会編、1983、『駒沢大学百年史　上巻』駒沢大学年史編纂委員会。

駒澤大学開校百二十年史編纂委員会編、2003、『駒澤大学百二十年史』駒澤大学。

駒澤大学禅文化歴史博物館大学史資料室編、2004、『思い出の駒大地歴』駒澤大学禅文化歴史博物館大学史資料室。

明治学院編、1977、『明治学院百年史』明治学院。

日本大学編、1959、『日本大学七十年略史』日本大学。

日本大学編、１９８２、『日本大学九十年史　上巻』日本大学。

日本大学百年史編纂委員会編、１９９７、『日本大学百年史　第1巻』日本大学。

日本大学校友会本部編、１９８９、『日本大学百年のあゆみと校友活動』日本大学校友会本部事務局。

桜門文化人クラブ編、１９６０、『日本大学七十年の人と歴史　第一巻』洋洋社。

大学史編纂委員会編、１９９２、『立正大学の１２０年』立正大学学園。

立正大学地理学教室創立60周年記念会・沿革史刊行小委員会編、１９８５、『立正地理の六十年』立正大学地理学教室創立60周年記念会。

大正大学五十年史編纂委員会編、１９７６、『大正大学五十年略史』大正大学五十年史編纂委員会。

東北学院百年史編集委員会編、１９８９、『東北学院百年史』東北学院。

東北学院百年史編集委員会編、１９９０、『東北学院百年史　資料篇』東北学院。

東北学院創立七十年史編纂委員会編、１９５９、『東北学院創立七十年史』東北学院同窓会。

東京文理科大学・東京高等師範学校編、１９３１、『創立六十年』東京文理科大学。

東京物理学校編、１９３０、『東京物理学校五十年小史』東京物理学校。

東京大学百年史編集委員会編、１９８５、『東京大学百年史　通史二』東京大学。

東京理科大学編、１９８１、『東京理科大学百年史』東京理科大学。

東洋大学編、１９３７、『東洋大学創立五十年史』東洋大学。

東洋大学百年史編纂委員会・東洋大学井上円了記念学術センター編、１９８９、『東洋大学百年史　資料編Ⅰ下』東洋大学。

東洋大学百年史編纂委員会・東洋大学井上円了記念学術センター編、１９９３、『東洋大学百年史　通史編Ⅰ』東洋大学。

稲門教育会三十年の歩み編集委員会編、２００８、『稲門教育会三十年の歩み』稲門教育会事務局。

早稲田大学編、１９２２、『早稲田の今昔』早稲田大学。

早稲田大学編、１９３２、『半世紀の早稲田』早稲田大学出版部。

早稲田大学大学史編集所編、１９７８、『早稲田大学百年史』第1巻、早稲田大学。

早稲田大学大学史編集所編、１９８７、『早稲田大学百年史』第3巻、早稲田大学。

早稲田大学大学史編集所編、１９９０、『早稲田大学百年史』別巻Ⅰ、早稲田大学。

早稲田大学編集部編、１９１３、『早稲田大学創業録　三十年記念』早稲田大学出版部。

早稲田大学教育学部学部創設五十周年記念事業企画委員会編、２０００、『早稲田大学教育学部五十年』早稲田大学教育学部。

【序　章】

天野郁夫、１９８６、『高等教育の日本的構造』玉川大学出版部。

橋本鉱市、１９９６、「明治・大正期における文学部卒業生の社会的配分と役割」『大学史研究』第12号、pp. 3-15。

影山昇、１９７５、「中等学校教員養成を担った明治期の高等師範学校」『愛媛大学教育学部紀要 第1部 教育科学』第22巻、pp. 1-22。

川村肇、１９９２、「東京帝国大学教育学科の講座増設に関する一研究（一）」『東京大学史紀要』第10号、pp. 13-28。

西村誠、１９６７、「戦前中等教員養成と私立学校」『東洋大学紀要　文学部編』第21集、pp. １１７-１３３。

大谷奨、２００１、「１９５４年教育職員免許法改正前後における中等教員養成の展開」『「大学における教員養成」の歴史的研究』学文社、pp. ３２９-３６５。

杉森知也、２０００a、「中等教員の『計画的養成』と臨時教員養成所」日本大学文理学部人文科学研究所『研究紀要』第60号、pp. １２９-１４２。

杉森知也、２０００b、「中等教員養成史上における臨時教員養成所の位置と役割」『日本の教育史学』第43集、pp. 60-76。

竹中龍範、２０１１、「英語教員養成史における第一次臨時教員養成所」『日本英語教育史研究』第26号、pp. 29-54。

寺﨑昌男・竹中暉雄・榑松かほる、１９９１、『御雇教師ハウスクネヒトの研究』東京大学出版会。

豊田徳子、２００１、「戦前期日本の無試験検定による中等教員養成の研究――東洋大学（大学部・専門部）を事例として――」『日本教育史研究』第20号、pp. 34-56。

豊田徳子、２００５、「戦前期日本の私学における無試験検定による中等教員養成の研究――国学院大学を事例として――」『大倉山論集』第51集、pp. ２６１-２９１。

豊田徳子、２００７、「戦前期日本の私学における無試験検定による中等教員養成の研究――東京物理学校を事例として――」『名古屋大学大学文書資料室紀要』第15号、pp. 71-95。

豊田徳子、２００８、「戦前期日本の私学における中等教員養成の研究　私立の大学・専門学校と無試験検定――日本大学を事例として――」『東京大学史紀要』第26号、pp. １-19。

豊田徳子、２０１０、「戦前期日本の私学における中等教員養成とその意義――早稲田大学を事例として――」『名古屋大学大学文書資料室紀要』第18号、pp. １-36。

山﨑真之、２００８a、「無試験検定許可学校における教育実習に関する基礎的研究――教授練習の実施時期及び実施期間について――」『アジア教育史研究』第17号、pp. 58-74。

山﨑真之、２００８b、「無試験検定許可学校における教育実習に関する基礎的研究――教授練習の実施施設及び実施方法について――」『比較文化史研究』第９巻、pp. 42-67。

山﨑真之、２００８c、「無試験検定許可学校における教育実習について――教授練習に関する指導方法を中心として――」アジア文化総合研究所『アジア文化』第30号、pp. 31-50。

山﨑真之、２００９、「無試験検定許可学校における教育実習に関する基礎的研究――参観視察について――」国士館大学教育学会『教育学論叢』第26号、pp. 29-53。


【第１章】

天野郁夫、２００９、『大学の誕生（上）』中央公論新社。

藤澤利喜太郎、１９３５、「物理学校卒業演説」藤澤博士記念会編『藤澤博士遺文集　中巻』藤澤博士記念会、pp. １-３。

橋本紘市、１９９６a、「近代日本における『文学部』の機能と構造」『教育社会学研究』第59集、pp. 91-１０７。

橋本鉱市、１９９６b、「明治・大正期における文学部卒業生の社会的配分と役割」『大学史研究』第12号、pp. ３-15。

林三平、１９７１、「戦前における教員免許制度の沿革と特質」海後宗臣編『教員養成』東京大学出版会、pp．２３５–２５５。

日夏耿之介、１９７８、『日夏耿之介全集　第8巻』河出書房新社。

広津和郎、１９６３、『年月のあしおと』講談社。

広津和郎（紅野敏郎編）、１９９２、『新編　同時代の作家たち』岩波書店。

星新蔵・橋本宏、１９９３、「故　萩原恭平教授の英語教育回想」『早稲田大学教育学部　学術研究（英語・英文学編）』第42号、pp．１–22。

池田多助、１９３１、「関西学院文科の思出」文学会編集部編『文学部回顧』関西学院文学会、pp．２９０–２９３。

石橋湛山、１９７２、『石橋湛山全集　第15巻』東洋経済新報社。

石橋湛山、１９８５、『湛山回想』岩波書店。

川副国基、１９６９、「教育学部の歴史と特色」新庄嘉章編『回想・早稲田大学１００年』ビデオ出版、pp．64–71。

喜多明人、１９９１、「立正大学教員養成の歴史・現状・課題」『立正大学人文科学研究所年報』別冊第8号、pp．45–68。

橘高重義、１９８２、『物理学校の伝説』すばる書房。

Meyer, John W., 1977, "The Effects of Education as an Institution", *The American Journal of Sociology*, vol. 83, no. 1, pp. 55–77.

文部省編、１９７２、『学制百年史　資料編』帝国地方行政学会。

文部省大学学術局技術教育課編、１９５６、『専門学校資料（上）』文部省大学学術局技術教育課。

名倉英三郎、１９７１、「明治初期における宗派立学校の設立」『東京女子大学附属比較文化研究所紀要』第31巻、pp．27–40。

中野実・豊田徳子、１９９６、「大正末期から昭和戦前期における私立大学の中等教員養成に関する研究——東洋大学の事例から——」『井上円了センター年報』第5号、pp．31–51。

夏目漱石、１９５０、『坊っちゃん』新潮社。

夏目漱石、１９６７、『漱石全集　第12巻』岩波書店。

小倉金之助、1967、『一数学者の回想』筑摩書房。

小野一成、1990、「『坊ちゃん』の学歴をめぐって」片岡豊・小森陽一編『漱石作品論集成第二巻　坊っちゃん・草枕』桜楓社、pp. 120‐125。

大島良雄、1985、「文部省訓令第12号とキリスト教学校の対応について」『関東学院大学文学部紀要』第42号、pp. 1‐24。

立仙藤松、1931、『中等教員入門学』中等教育協会。

西條八十、1962、「私の履歴書」『私の履歴書　第17集』日本経済新聞社、pp. 73‐130。

志子田光雄、1991、「東北学院『英学』の伝統と大学『英語英文学教育』を始動させた群像」東北学院百年史編集委員会編『東北学院百年史　各論篇』東北学院、pp. 445‐473。

小路一光、1983、「永井一孝先生の思い出」早稲田大学国文学会『国文学研究』第81集、pp. 92‐93。

多田貞三、1991、『多田貞三文集拾遺』「多田貞三文集拾遺」刊行会。

竹内洋、2003、『教養主義の没落』中央公論新社。

谷崎精二、1972、『葛西善蔵と広津和郎』春秋社。

帝国教育会編、1927、『昭和二年版　教育年鑑』宝文館。

豊田徳子、2001、「戦前期日本の無試験検定による中等教員養成の研究――東洋大学（大学部・専門部）を事例として――」『日本教育史研究』第20号、pp. 34‐58。

豊田徳子、2005、「戦前期日本の私学における無試験検定による中等教員養成の研究――国学院大学を事例として――」『大倉山論集』第51集、pp. 261‐291。

塚本與三郎、1932、『青山の学風　訂正第五版』文川堂書店。

浦上五三郎遺稿集刊行会編、1963、『浦上五三郎遺稿集』五三会。


【第2章】

阿部重孝、1937、『教育改革論』岩波書店。

天野郁夫、1992、『学歴の社会史』新潮社。

天野郁夫、2007、『増補　試験の社会史』平凡社。

原田実、1941、『閑窓記』小学館。

石三次郎、1969、「大塚生活四十年（前）」神保博行編『教育一路五十年――石三次郎先生の生涯――』芦書房、pp.64-78。

石橋湛山、1972、『石橋湛山全集　第15巻』東洋経済新報社。

実業之日本社編、1914、『中学卒業就学顧問』実業之日本社。

「受験と学生」編集部編、1940、『中等教員検定試験受験案内』研究社。

窪田空穂、1966、『窪田空穂全集　第五巻　小説・随筆』角川書店。

松野忠成、1979、『大正・昭和に生きた一教師』松野忠成。

三上裕人、1991、『わたしの遍歴』西日本文化出版。

中西秀男、1980、『雑草園雑筆　人・自然・ことば』創樹社。

西村誠、1967、「戦前中等教員養成と私立学校」『東洋大学紀要 文学部編』第21集、pp.117-133。

納富善六、1976、『人生ハ仕事ナリ』納富善六。

大谷奨、2002、「中等教員無試験検定取り扱いの許可過程に関する研究」『日本教育史研究』第21号、pp.1-24。

立仙藤松、1931、『中等教員入門学』中等教育協会。

柴田祐定、1978、『七転八起　柴田祐定自叙伝』柴田薫。

杉原千畝、1920、「雪のハルビンより――外務省留学生試験合格談――」研究社編『受験と学生』大正9年4月号、pp.52-61。

竹光秀正（述）・清原芳治、2000、『私の人生・竹光秀正』故竹光秀正遺族。

竹内洋、1991、『立志・苦学・出世』講談社。

竹内洋、1997、『立身出世主義』日本放送出版協会。

富永松男、1991、『幸せの木は曲がって育った』聖霊学園。

豊田徳子、２００５、「戦前期日本の私学における無試験検定による中等教員養成の研究――国学院大学を事例として――」『大倉山論集』第51集、pp．２６１-２９１。

豊田徳子、２００７、「戦前期日本の私学における無試験検定による中等教員養成の研究――東京物理学校を事例として――」『名古屋大学大学文書資料室紀要』第15号、pp．71-95。

豊田徳子、２００８、「戦前期日本の私学における中等教員養成の研究　私立の大学・専門学校と無試験検定――日本大学を事例として――」『東京大学史紀要』第26号、pp．１-19。

豊田徳子、２０１０、「戦前期日本の私学における中等教員養成とその意義――早稲田大学を事例として――」『名古屋大学大学文書資料室紀要』第18号、pp．１-36。

山口浩英、１９６７、『教育への回想と情熱』豊橋文化協会。

山本有三、１９５４、『波』新潮社。


【第３章】


秋鹿邦彦、１９３４、「就職戦半歳の苦難」早稲田大学淡交会『淡交』第11号、pp．１８６-１８９。

青木常雄、１９７０、『教壇生活の思い出――英語教師六十年――』修文館出版。

築山治三郎、１９６９、『教育四十年のあゆみ』同朋舎。

本間仲治、１９８３、『生きて愛して』本間仲治。

今井孝、１９７２、『心のふるさと』今井孝。

稲垣恭子、２０１１、「アカデミック・コミュニティのゆくえ」稲垣恭子編『教育文化を学ぶ人のために』世界思想社、pp．２４５-２６３。

石橋湛山、１９７２、『石橋湛山全集　第15巻』東洋経済新報社。

石畑真一（石畑真一先生記念出版会編）、１９７２、『石畑真一の教育と思想』石畑真一先生記念出版会。

伊藤彰浩、１９９９、『戦間期日本の高等教育』玉川大学出版部。

伊藤公平、１９４２、『卒業前夜』日本文化研究会。

岩本素白、２００９、『素白随筆遺珠・学芸文集』平凡社。

門脇厚司、２００４、『東京教員生活史研究』学文社。

片桐誠、１９７９、『日々晴天』善本社。

窪田空穂、１９９８、『窪田空穂随筆集』岩波書店。

窪田空穂、１９９９、『わが文学体験』岩波書店。

松井照好、１９８３、「国士無双」清水謙一郎先生追悼集出版委員会編『も、とせの後をおもへば』清水謙一郎先生追悼集出版委員会、pp. ２９５-２９７。

松本楢重・杉本舜市・青木三碧・大井安正・近江友七・中村浩・栢木喜一・梅木春和・森口武男編著、１９７３、「水木直箭先生むかしがたり」帝塚山短期大学日本文芸研究室『青須我波良』第７号、pp. 89-１１０。

松野忠成、１９７９、『大正・昭和に生きた一教師』松野忠成。

箕輪香村編、１９２８、『全国官費公費貸費学校入学指針』文憲堂書店。

森政教、１９７８、『楽しい幻影』金剛出版。

中谷喜太郎、１９６９、『教壇の思い出』石川県自治と教育研究会。

夏目漱石、１９５０、『坊っちゃん』新潮社。

大浜晧、１９８５、「私の学問への道」東洋文化振興会『東洋文化』第28号、pp. 1-18。

大森廣治、１９８１、「平野先生を偲んで」「行動の人・平野智治先生」刊行会編『行動の人・平野智治先生』「行動の人・平野智治先生」刊行会、pp. 64-66。

大澤和夫、１９８６、『来し方の記』大澤和夫。

立仙藤松、１９３１、『中等教員入門学』中等教育協会。

山海堂編集部編、１９２５、『学生年鑑　大正15年』山海堂出版部。

杉森知也、２０００、「中等教員養成史上における臨時教員養成所の位置と役割」『日本の教育史学』第43集、pp. 60-76。

多田貞三、１９９１、『多田貞三文集拾遺』「多田貞三文集拾遺」刊行会。

高木稲水、１９７９、『或教師の覚え書』千秋社。

田中友次郎、１９８６、『一教育者の大正昭和』田中友次郎。

谷猶三郎、１９３２、『中等教員たらん若人へ』谷猶三郎。

東京府学務部社会課編、１９３２、『学校卒業者の就職状況調査（社会調査資料第十七集）』東京府学務部社会課。

東京府学務部社会課編、１９３６、『学校卒業者の就職状況調査（社会調査資料第二十七集）』東京府学務部社会課。

東京市編、１９２７、『学校卒業者就職状況調査（大正十五年度）』東京市社会局。

植竹豊、１９８９、『雑草の唄』植竹豊。

宇佐見承編、１９８６、『追想田島賢亮』田島房子。

安田秀雄、１９８１、「情愛の人、平野智治先生」「行動の人・平野智治先生」刊行会編『行動の人・平野智治先生』「行動の人・平野智治先生」刊行会、pp. ３４０-３４２。


【第４章】


赤阪清七、１９２３、「師範教育に対する感想」下中彌三郎・為藤五郎・小原国芳・志垣寛『教壇回顧　飛礫』集成社、pp. ２２９-２４４。

石橋湛山、１９８５、『湛山回想』岩波書店。

「受験と学生」編集部編、１９４０、『中等教員検定試験受験案内』研究社。

風野新一郎、１９８４、『一教師の生涯』風野新一郎。

錦谷秋堂、１９１４、『大学と人物』国光印刷出版部。

古田中正次、１９７５、『嵐の十年』実業之日本社。

甲藤義治、１９７０、『その色に咲け』土佐〇会。

宮内寒彌、１９７８、『七里ヶ浜』新潮社。

文部省編、1972、『学制百年史　資料編』帝国地方行政学会。

小田原勇、1976、「思い出の大曲」小田原勇先生追悼文集刊行会編『龍眼の山を仰げば』小田原勇先生追悼文集刊行会、pp. 376-379。

小沢恒一、1962、「明治時代哲学科の思い出」早稲田大学哲学会『フィロソフィア』第44号、pp. 169-172。

立仙藤松、1931、『中等教員入門学』中等教育協会。

青龍刀、1922、「私の観たる校長――要するにい、人」『早稲田教育』第1巻第2号、pp. 57-59。

田中友次郎、1986、『一教育者の大正昭和』田中友次郎。

飛澤勇造、1939、「教育断想」早稲田大学淡交会『淡交』第15号、pp. 51-54。


【第5章】


雨田英一、1988、「近代日本の青年と『成功』・学歴」学習院大学文学部『研究年報』第35集、pp. 259-321。

新井利一、1959、「学校創立期」加納金助先生伝記編纂会編『加納金助先生を偲ぶ』加納金助先生伝記編纂会、p. 67。

出口競、1921、『東京の苦学生　附自活勉学法』大明堂書店。

土師晋、1969、「溝の下会トリオ」中村十生編『山梔子の花』くちなしの花刊行会、pp. 59-72。

原沢文弥、1979、「今井六哉先生を憶う」今井六哉先生回想録編集委員会編『峥嵘の道』今井六哉先生回想録編集委員会、pp. 167-170。

石戸谷哲夫、1967、『日本教員史研究』講談社。

石山弥助、1930、「質朴にして無駄のない飯山君」飯山先生謝恩会編『飯山先生謝恩会記念誌』飯山先生謝恩会、pp. 102-106。

「受験と学生」編集部編、1939、『高等師範学校・私大高師部入学案内』研究社。

岩下吉衛、1970、『算数と私　Ⅱ』宇野書店。

垣久義、1977、『随筆　二本杉』垣久義。

金子肇、１９９６、『晩晴』幸寿社。

唐澤富太郎、１９５５、『教師の歴史』創文社。

片岡安、１９５６、『私はどう教えてきたか』同文館。

Kinmonth, Earl H., 1981, *The Self-Made Man in Meiji Japanese Thought*, University of California Press.（＝１９９５、広田照幸・加藤潤・吉田文・伊藤彰浩・高橋一郎訳『立身出世の社会史』玉川大学出版部。）

近藤寿太郎、１９７７、「驥尾に付して」山本徳行『峠』山本徳行、pp. １４９–１５６。

小塚三郎、１９６４、『夜学の歴史』東洋館出版社。

松田友吉、１９２８、『上京と文検』厚生閣書店。

無署名、１９３０、「会員消息」日本大学不挟会『不挟会報』第19号、pp. 17–24。

滑川道夫、１９８２、『滑川道夫教育随想選』教育出版センター。

滑川道夫、１９９４、『青い雲の時代』滑川トミヱ。

大槻徳治、１９８５、「奇しき因縁」立正大学地理学教室創立60周年記念会・沿革史刊行小委員会編『立正地理の六十年』立正大学地理学教室創立60周年記念会、p. １５５。

佐々木健伍、１９８８、『遙かなる道　Ｉ』佐々木健伍。

須藤克三、１９６７、『自伝　おぼえがき』みどり書房。

須藤克三、１９８３、『よもやま雑記』月刊やまがた社。

杉浦守邦、１９９１、『初代光明学校長　結城捨次郎』杉浦守邦。

高橋千代三郎、１９８８、『工芸教師の自伝』秋田県工芸家協会。

竹村英樹、１９８９、「戦間期地方教員の都市流入」慶応義塾大学大学院社会学研究科『社会学研究科紀要』第29号、pp. 53–63。

竹内洋、１９９７、『立身出世主義』日本放送出版協会。

田山花袋、１９８１、『東京の三十年』岩波書店。

豊田徳子、２００８、「戦前期日本の私学における中等教員養成の研究　私立の大学・専門学校と無試験検定――日本大学を事例として――」『東京大学史紀要』第26号、pp. １–19。

山口貞雄、１９７６、「われら同年生の卒業後の足どり」『立正大学文学部論叢』第55号別冊、pp. １１５–１１９。

山本徳行、１９６７、『坂』今治明徳高等学校。

山本徳行、１９７７、『峠』山本徳行。

山本有三、１９５４、『波』新潮社。


【第６章】

天野郁夫、２００２、「私立大学の日本的性格」『早稲田大学史紀要』第34巻、pp. １９７–２１８。

橋本鉱市、１９９６、「明治・大正期における文学部卒業生の社会的配分と役割」『大学史研究』第12号、pp. ３–15。

石川達三、１９７１、『私ひとりの私』講談社。

中村好一、１９７３、『蕗の薹』中村好一。

及川作松、１９６２、『虫籠庵雑記』熊谷印刷出版部。

Schütz, Alfred, 1964, *Studies in social theory part II: Applied theory*, The Hague.（＝１９９７、桜井厚訳『現象学的社会学の応用　新装版』御茶の水書房。）

Turner, Ralph H., 1960, "Sponsored and Contest Mobility and School System", *American Sociological Review*, vol. 25, no. 6, pp. 855–867.（＝１９６３、潮木守一訳「教育による階層移動の形態」清水義弘監訳『経済発展と教育』東京大学出版会、pp. 63–91。）


【第７章】

青木常雄、１９７０、『教壇生活の思い出――英語教師六十年――』修文館出版。

板倉操平、１９４９、『わが心の自叙伝』志道会出版部。

伊藤公平、１９４２、『卒業前夜』日本文化研究会。

小林美代、１９８９、『八十路の華摘』小林美代。

森谷佐三郎、１９８９、『小春日抄』森谷佐三郎。

中村好一、１９７３、『蕗の薹』中村好一。

太田拓紀、２０１５、「戦前期中等教員社会における給与・異動・昇進の構造」玉川大学教育学部『論叢』２０１４、pp. 15-31。

山口弥一郎、１９８５、『体験と地理学』文化書房博文社。


【第8章】


相沢節、１９６１、『校長の散歩道』第一公報社。

天野郁夫、１９８８、『大学　試練の時代』東京大学出版会。

新崎盛敏、１９７８、「沖縄時代の牛島先生」前川幸雄編『ここにも一人門弟子が』前川幸雄、pp. 98-１０２。

Bourdieu, Pierre, 1979, *La Distinction: Critique Sociale du Jugement*, Éditions de Minuit.（＝１９９０a、石井洋二郎訳『ディスタンクシオンⅠ』藤原書店、１９９０b、石井洋二郎訳『ディスタンクシオンⅡ』藤原書店。）

Bourdieu, Pierre, Jean-Claude Passeron et Monique de Saint Martin, 1965, *Rapport Pédagogique et Communication*, Mouton & Co.（＝１９９９、安田尚訳『教師と学生のコミュニケーション』藤原書店。）

築山治三郎、１９６９、『教育四十年のあゆみ』同朋舎。

福原麟太郎、１９６９、『福原麟太郎著作集6　随筆Ⅱ　身辺』研究社出版。

福山重吉、１９７２、『米寿随想録』福山重吉。

日高只一、１９３５、「早大出身中学校長より聞きしことゞも」早稲田大学淡交会『淡交』第13号、pp. １２２-１２３。

平井豊一（鈴木政一・福島明編）、１９９１、『折りにふれて　平井豊一文集』鈴木政一・福島明。

星新蔵・橋本宏、１９９３、「故　萩原恭平教授の英語教育回想」『早稲田大学教育学部　学術研究（英語・英文学編）』第

42号、pp. １-22。

今井孝、１９７２、『心のふるさと　回想記』今井孝。

石橋湛山、１９７１、『石橋湛山全集　第3巻』東洋経済新報社。

石井丈夫、１９５８、『老人のひとりよがり』石井丈夫。

景山直治、１９７４、「思い出の中に光を放って」渡辺喜代編著『渡辺政雄伝』講談社出版サービスセンター、pp. １５５-

１５６。

海音寺潮五郎、１９７２、『日、西山に傾く』東京美術。

窪田茂喜、１９４９、『砂粒の影』諏訪書房。

窪田茂喜、１９５０、『教育の磁場』双梧草舎。

松永長雄、１９８５、『燼余の繰言』松永長雄。

Merton, Robert K., 1957, *Social Theory and Social Structure*, The Free Press.（＝１９６１、森東吾・森好夫・金沢実・中島竜太郎訳『社会理論と社会構造』みすず書房。）

Meyer, John W., 1977, "The Effects of Education as an Institution", *The American Journal of Sociology*, vol. 83, no. 1, pp. 55-77.

本山日出男、１９３０、「会友諸兄に切望して止まぬ」日本大学不挟会『不挟会報』第19号、pp. ４-６。

中島半次郎、１９２２、「教員養成の傾向」『早稲田教育』第1巻第1号、pp. ９-11。

中山義秀、１９６１、「私の履歴書」日本経済新聞社編『私の履歴書　第12集』日本経済新聞社、pp. １９７-２５４。

生江義男、１９７８、『私の受けた教育』ティビーエス・ブリタニカ。

滑川道夫、１９８２、『滑川道夫教育随想選』教育出版センター。

太田俊雄、１９７３、『続・矢と歌』聖燈社。

大槻徳治、１９８５、「奇しき因縁」立正大学地理学教室創立60周年記念会・沿革史刊行小委員会編『立正地理の六十年』立正大学地理学教室創立60周年記念会、p. １５５。

佐々木八郎、１９８６、『聴雨追想』「聴雨追想」刊行会。

Schütz, Alfred, 1964, *Studies in social theory part II; Applied theory*, The Hague.（＝１９９７、桜井厚訳『現象学的社会学の応用　新装版』御茶の水書房。）

青龍刀、１９２２、「私の観たる校長――要するにい、人」『早稲田教育』第1巻第2号、pp. 57‒59。

須藤克三、１９７１、『随筆・山形県師範学校』みどり新書の会。

須藤克三、１９８３、『よもやま雑記』月刊やまがた社。

高田早苗、１９３０、「高田総長講話」早稲田大学淡交会『淡交』第2号、pp. 4‒11。

高木稲水、１９７９、『或教師の覚え書』千秋社。

高濱三郎、１９２９、『早稲田物語』敬文堂書店。

高瀬寿男、１９７４、「堀井君とわたし」堀井千代子編『はなかご』堀井千代子、pp. 68‒69。

田中友次郎、１９８６、『一教育者の大正昭和』田中友次郎。

天津男、１９２３、「北海道から」『早稲田教育』第2巻第2号、pp. 60‒61。

Weber, Max, 1922, *Soziologische Grundbegriffe*, J. C. B. Mohr.（＝１９７２、清水幾太郎訳『社会学の根本概念』岩波書店。）

山﨑真之、２００８、「無試験検定許可学校における教育実習に関する基礎的研究――教授練習の実施時期及び実施期間について」『アジア教育史研究』第17号、pp. 58‒74。

山﨑真之、２００９、「無試験検定許可学校における教育実習に関する基礎的研究――参観視察について――」国士館大学教育学会『教育学論叢』第26号、pp. 29‒53。

米山正信、１９６８、『さむらい教師伝　小田原勇先生の話』講談社。

幽蛇冑大楼、１９２４、「砂上漫語」『早稲田教育』第3巻第6号、pp. 55‒59。

由良哲次、１９９６、「追憶の横光利一君」嶋田暁編『由良哲次博士を偲ぶ』由良大和古代文化研究協会、pp. 18‒39。

【終　章】

天野郁夫、１９８６、『高等教育の日本的構造』玉川大学出版部。

天野郁夫、２００９、『大学の誕生（下）』中央公論新社。

Berger, Peter, 1963, *Invitation to Sociology*, Doubleday.（＝２００７、水野節夫・村山研一訳『社会学への招待 普及版』新思索社。）

Bourdieu, Pierre, 1979, *La Distinction: Critique Sociale du Jugement*, Éditions de Minuit.（＝１９９０、石井洋二郎訳『ディスタンクシオンⅠ』藤原書店。）

DiMaggio, Paul J. and Walter W. Powell, 1983, “The Iron Cage Revised: Institutional Isomorphism and Collective Rationality in Organizational Fields”, *American Sociological Review*, vol. 48, no. 2, pp. 147–160.

原田実、１９２５、「師範学校改善の真方途」『早稲田教育』第４巻第１号、pp. ２–６。

原田実、１９３７、『日本教育の史的新視野』明治図書。

河野生、１９２４、「田舎教師通信」『早稲田教育』第３巻第８号、pp. 57–59。

窪田茂喜、１９５０、『教育の磁場』双梧草舎。

太田拓紀、２０１０、「大正後期・昭和初期の私学における中等教員養成システム」玉川大学教育学部『論叢』２００９、pp. ７–18。

大谷奨、２００１、「１９５４年教育職員免許法改正前後における中等教員養成の展開」『「大学における教員養成」の歴史的研究』学文社、pp. ３２９–３６５。

須藤克三、１９７１、『随筆・山形県師範学校』みどり新書の会。

高田早苗、１９０７、「中等教員の養成に就て　附無試験検定問題」『教育界』第６巻第４号、pp. 35–38。

天津男、１９２３、「北海道から」『早稲田教育』第２巻第２号、pp. 60–61。

Willis, Paul E., 1977, *Learning to Labour*, Ashgates.（＝１９９６、熊沢誠・山田潤訳『ハマータウンの野郎ども』筑摩書房。）

あとがき

本書は、京都大学大学院教育学研究科に提出した博士学位請求論文（太田拓紀、２０１４、「近代日本の中等教員養成における私学の機能に関する歴史社会学的研究」）を加筆修正したものである。具体的には、博士論文には所収していなかった第7章を新たに加え、その後に収集した資料を適宜追加しながら、全体の整合性をもたせるようにして改訂した。なお、序章、第8章、終章はその大半を書き下ろしたものであるが、他の章は、すでに発表した論文をもとにしている。各章と論文との対応関係は、次のとおりである。

第1章：太田拓紀、２００７、「戦前期における私学中等教員養成学部の設置過程とその要因——明治後期・大正期を中心として——」『京都大学大学院教育学研究科紀要』第53号、pp. ３９２-４０４。

第2章：太田拓紀、２０１４、「戦前期の私学における中等教員養成機関の社会的評価——私学高等師範部の入学時選抜と免許取得状況に着目して——」『玉川大学教師教育リサーチセンター年報』第4号、pp. 21-30。

第3章：太田拓紀、２０１３、「近代における私学出身者の中等教員就職過程」『玉川大学教師教育リサーチセンター年報』第3号、pp. 39-49。

第4章：太田拓紀、２００６、「戦前期私学出身者の中等教員社会における位置と教師像——早稲田大学高等師範部出身者の事例——」日本教育社会学会編『教育社会学研究』第78集、pp. １６９-１８９。

第5章：太田拓紀、2013、「近代の私学夜間部における中等教員養成機関の機能——日本大学高等師範部の事例——」日本教師教育学会編『日本教師教育学会年報』第22号、pp.78-88。
第6章：太田拓紀、2007、「昭和初期における私学出身中等教員のキャリア特性——4私学の卒業生名簿を用いた数量的分析——」日本教師教育学会編『日本教師教育学会年報』第16号、pp.66-76。
第7章：太田拓紀、2015、「戦前期中等教員社会における給与・異動・昇進の構造——昭和初期岩手県の事例——」玉川大学教育学部『論叢』2014、pp.15-31。

ただし、本書にまとめるにあたって全体を再構成しているため、各章と論文の内容は完全に一致しているわけではない。例えば、第7章は本書の論旨にあわせ、論文で用いたデータを再分析した上で、書き直している。一方、第8章は書き下ろしと述べたが、発表論文から一部を抽出し、新たな資料を加えながらそれをふくらませて、論じ直したものである。全体としては、第7章は別にして、本書全体の構想がある程度固まってきた最近の論文は、加筆修正が少ない傾向にある。

稿を閉じるにあたって思いかえしてみると、テーマを選んだきっかけは、大学院修士1回の教育史の授業で、戦前の「師範大学」構想の論文に取り組んだことにあったと記憶している。当時の私は、入学前から構想していた修士論文のテーマに興味をもてなくなった時期で、漫然と自分の関心に合う題材はないか、模索していたように思う。授業のなかで、「高等師範学校」という用語にいくども触れるうちに、自分の卒業した大学の学部が、戦前に「高等師範部」と称していたことを思い出した。この私学の「高等師範部」は「高等師範学校」を模した教員養成機関と想像できるが、具体的にどのような役割を担っていたのか。これをテーマにすると、自分が卒業した学部だから調べやすく、書きやすいのではないか。こうした安易な問題設定を経て、やみくもに調べて執筆したのが、修士論文であった。当時の私は高校教員になることを目標としており、博士課程への進学は考えていなかったので、それほどプレッシャーもなく、その意味では自由に書くことができた。しかし、まったくはずかしい出来ばえであったと思う。

さて、安易なきっかけにより研究をはじめたことからすれば、偶然ともいえるが、中等教員史という領域は、比較的に研究蓄積が少ない分野ではあった。もともと、日本における教師の歴史研究といえば、小学校教員のそれであったといっても過言ではなかった。それが１９９０年代から中等教員への関心が高まりはじめ、論文や著書が増えていく。とりわけ、養成機関としての高師と帝大、試験で教員免許の取得が可能であった文検に、研究の焦点が当てられていった。

短い期間ではあったが高校教員を経験した後、博士課程に進学した２００５年当時は、中等教員養成に関わる私学についての研究も徐々に進展していた。本文でも触れているが、その多くは主に教育史の研究者による、私学の養成システムに関する論考であった。そのなかで本格的に自分なりの研究をすすめるとなると、先行研究から差別化し、立ち位置を明確にする必要があった。結果として、私学の養成を経た者たちのキャリアやその心情の検証というように、社会・制度・組織のなかで生きた人間の行動様式やその内面に照準をあわせることにし、社会史的なアプローチから研究することにした。

博士課程に入ってしばらくは、この枠組のもとで、いくつかの論文を発表することができた。ただ、その後は必ずしも順調に研究が進まなかった。なによりも、私学を経た教員のキャリアやその内面を浮き彫りにできるような資料を見つけることが難しかった。官立学校と比べて、同窓会などの雑誌は、私学の場合、内容があまり充実していなかった。最初に目を通すべき、『百年史』といった学校史関連の資料でも、他の学部や領域に比べて、教員養成に関する記述は限られていた。そして、私学出身者の多くは、帝大や高師の卒業生とは異なり、功成り名遂げることもなく、長年のキャリアを地域のなかで終えていった教員たちである。そうした彼らを表象する媒体は限られていた。

そのなかで、出身教員の自伝的資料を広く収集できるようになったことが、研究の進展する大きな契機になった。そもそも、自伝を書きのこす教員は多くなく、数が限られていると考えていたので、当初は資料としてあまり重視していなかった。しかし、意外なことに、調べれば調べるほど、私学を経た教員たちの自伝をみつけることができた。その多くは自費出版であり、地域図書館の郷土資料室にのみ所蔵されているケースも少なくなかった。もちろんそのすべてが教員時代のことに触れているわけではなく、せっかく遠方の図書館を訪れても、必ずしも有益な記述に出会えなかった。また、戦後になって記されたものが大半で、記憶の限界や後付けの再解釈といった点において、問題がないとはいえなかった。ただ、教員社会での葛藤やその心情を赤裸々に綴った内容に出くわすことも多く、資料としての力があった。そうした自伝を少しずつ集め、読み込むことで、ノン・エリートであった彼らのキャリア、内面を具体的に描きだすことが可能になっていった。

その他にも試行錯誤を重ねた結果、また途中で他の研究に追われたこともあったが、本書の刊行までに博士課程進学から、約10年が経過することになってしまった。もちろんやり残した領域や、不十分な検証に終わっている部分も少なくない。これでよかったのかという思いもある。しかし、中等教員史と私学というテーマが、教育社会学のそれとしてはスケールが小さいのでは、などの指摘も受けた研究当初から振り返ると、どのような形であれ、まとまったものを世に出すことができるのは感慨深い。いずれかの機会に、本書の内容について、みなさまからのご意見、ご叱正を賜わることができればありがたいと思っている。

さて、本書は数多くの方々のご指導、ご支援なしには完成にいたらなかった。とりわけ、博士課程以来の指導教官である稲垣恭子先生には、論文の執筆に際し、さまざまな面でお世話になった。私の場合、研究の関心が右往左往しがちで、途中で他のテーマにも手を出した結果、なかなか一つにまとまりがつかなかったように思う。それでも見限ることなく、長期間にわたり、懇切丁寧にご指導いただいた。実際、そのご指摘に、はっとさせられる機会が数知れずあった。先に自伝の件に触れたが、そうした資料をあたるようになったのも、先生のアドバイスが大きかった。また、私学をノン・エリートとしての負の側面にのみ焦点をあてるのではなく、その積極的な意味を考えるべきなど、本書に生かされたご助言は数限りない。長年のご厚情に改めて御礼申し上げたい。

また、博士課程の在籍時には、岩井八郎先生から演習等を通じて、数多くの有益なアドバイスをいただいた。竹内洋先生には、本書の基礎となった修士論文の主査をご担当いただき、指導を賜わることができた。深く感謝申し上げたい。さらに、南部広孝先生、石井英真先生には、論文の内容について丁寧にご批評いただき、たいへん有益な示唆を頂戴した。そして、故・陣内靖彦先生から、学会などさまざまな場を通じて、ご指導や励ましのお言葉をいただいてきた。先生には早々の出版を促してもらったにもかかわらず、生前に本書をお届けできなかったのが、残念でならない。この場を借りて、改めてご冥福をお祈りしたい。

さらに、全く異なる学問分野に進んでしまったが、大学時代の指導教官で、政治思想がご専門の松本礼二先生からは、早稲田大学関連の資料や関係者の紹介などで、便宜を図っていただいた。その他、大学史関係の資料は、主に早稲田大学大学史資料センター、日本大学広報部大学史編纂課、青山学院資料センターから、ご協力を得ることができた。そして、玉川大学図書館参考調査室の徳永美和子さんには、資料の収集でたいへんお世話になった。大量の文献借り受けなど、丁寧かつ迅速にご対応いただいたのが、とてもありがたかった。どこにも所蔵のない戦前の書籍について相談したところ、発行元の出版社に掛け合っていただき、無事に閲覧できたことが強く心に残っている。多大なご助力に感謝申し上げたい。

なお、本書の出版に際しては、学事出版株式会社の二井豪さんに大いにお世話になった。ときには無理難題を押しつけ、あるいは作業が滞るなど、数々のご迷惑をおかけしたことと思う。しかし、いつも誠実にご対応いただき、おかげで無事に出版までこぎつけることができた。また、本書の刊行に際しては、日本学術振興会の科学研究費（研究成果公開促進費「学術図書」課題番号15HP5193）の助成を得ている。専門書の出版事情が厳しいなか、こうしたご支援をいただけたのは、まことに幸いであった。

そして、いくつかの職を転々とした息子を、咎めることなく温かく見守ってくれた両親に感謝したい。ひょっとすると本書のテーマには、父の姿が原風景にあったのかもしれない。私学を経て高校教員を務めた父から、高等師範系出身の管理職との間でかつて確執があったことを、何度か耳にしたことがあった。

最後になるが、論文への批評や校正等で協力してくれた妻と、今年誕生した長男に、本書を捧げたいと思う。

2015年11月

太田拓紀

〈索　引〉

あ　行

アイデンティティー　74, 191, 192
青木常雄　79, 175
青山学院　25, 34, 37, 38, 46, 61-63, 142-145, 149, 150, 152, 157, 183, 194, 204
『青山学院校友会会員名簿』　144
『青山学報』　183
アカデミズム　18, 20, 50
アスピレーション　186
阿部重孝　72
アメリカ・ドイツ改革派教会　38
石川達三　156
石橋湛山　49, 89, 113, 181
『田舎教師』　135
井上円了　33, 35
浦上五三郎　46, 47
英師会　183
エリート　5, 74, 114, 155, 186, 191, 198, 200, 211, 212
欧化主義　37
大隈重信　42
小倉金之助　36
押川方義　38

か　行

『会員氏名録』(学士会)　145
『会員名簿』(早稲田大学校友会)　145
海音寺潮五郎　195
下位トラック　173
開放制　5
『学事関係職員録』　159, 161
『学事統計綴』　130, 137
各種学校　38
学制　28, 40
『学生年鑑』　91
学生文化　18, 28, 48, 51, 52, 54, 214
学年制　129
学閥　18, 112, 113, 153, 154, 173, 174, 178-182, 187, 188, 193, 194, 201, 210-212
学歴　18, 28, 37, 55, 61, 74, 91, 93, 153, 160-163, 165-170, 172, 173, 175, 191, 192
学歴資本　178
「学歴劣等感について」　191
隠れたカリキュラム　135
学校文化　19, 199
加熱　126, 135, 136, 215
カリキュラム　18, 20, 22-24, 76, 208, 216
川副国基　52
関西学院　48
官僚制　199, 200, 211, 212
帰郷者　134, 156, 198, 201, 202, 212
帰郷率　134, 152-154, 172, 212
寄宿舎　185
キャリア　18, 20, 21, 24, 25, 56, 74, 78, 96, 97, 101-103, 105, 114-116, 134, 137, 142-144, 152, 154, 155, 160, 161, 163-166, 169-173, 175, 178, 186, 188, 196-199, 201, 209-212, 214, 215
キャリア・トラック　173, 198, 210
給費制　78, 137
教育実習　22
『教育週報』　70, 126, 129
教員需要　31, 44, 45, 70, 73, 89, 97, 116, 148, 208, 209
『教育時論』　31, 70
教育の総本山　14, 60, 197
教員文化　5, 200, 201, 212, 213
教育要求　37, 40

教員免許令　57
教師像　14, 24, 26, 74, 116, 177, 178, 186-189, 193, 196, 199, 201, 203, 210, 211
教職係　85
共属感情　184, 185, 201, 202, 212
教養教育　37
許可学校　32-34, 57, 65, 70-72, 75, 204, 216
勤労青年　43, 45
窪田空穂　88
慶応義塾　57
形式主義　188
決定係数　163
耕教学舎　37
攻撃的保守性　188, 189
高師閥　182, 204
公私立学校、外国大学卒業生ノ教員免許ニ関スル規定　32, 204
校長輩出率　109-111, 118, 151, 152
皇典講究所　39, 43, 143
高等学部　38, 39, 142-144, 146-151
(旧制) 高等学校　19, 30, 47, 63, 123, 185
高等学校令　29
高等工業学校　30
高等師範学校　14, 18, 29, 30, 32, 57, 64, 72, 117, 141, 202, 204, 209
高等師範部 (・科) (高師部)　16, 17, 25, 28, 33-35, 37, 39-46, 48, 49, 51-59, 61-70, 72, 73, 75, 76, 81, 84-87, 89-91, 93-96, 101-116, 118-126, 129-139, 142-157, 174, 179-182, 185-187, 189-193, 200, 204, 208, 209, 213
高等商業学校　30
高等女学校　20, 30, 32, 44, 79, 81, 86, 102, 105-111, 116-118, 148-150, 161, 164
『公立学校職員俸給表』　174
国学院　16, 22, 25, 32, 34, 39, 40, 42, 43, 46, 53, 58, 60-63, 66, 75, 81, 84, 90-92, 94, 95, 102, 142-144, 146, 147, 152, 157, 174, 194
『国学院大学院友会会員名簿』　144
『国学院大学新聞』　53
国粋主義　38
国体　22, 35
国民皆学　28
国家主義　38, 45
駒沢大学　17, 34, 42, 70

さ　行

西條八十　49
佐々木八郎　204
参照カテゴリ　163-165, 175
資格獲得運動　40, 42, 102
試験検定　29, 30, 67
自己修養　21, 139
『七里ヶ浜』　118
実業学校　79, 106, 107, 116, 117, 148, 155, 162-164, 209
実力主義　212
指定学校　57, 75
自伝　98, 125, 179, 195, 215
師範学校　14, 29, 30, 40, 53, 55, 57, 68, 79, 93, 95, 102, 105-107, 114, 116-118, 124, 125, 135, 137, 138, 148, 161, 164, 170, 193, 199, 213
師範学校令　117
師範タイプ　14
社会移動　18, 215
社会化　54, 186, 197, 198, 210, 211
社会階層　215
社会関係資本　115, 116, 153, 178, 184, 210
社会史　18-20, 24, 26, 237
社会的出自　120, 121, 179
社会的老化　211, 212
重回帰分析　163-165
宗学本校　41

宗教教育　38, 39
宗教大学　34, 41, 157
就職教授　82
従属変数　163, 165, 166, 169, 170
十八檀林　41
出身階層　18, 135, 215
上京遊学　124-126, 136
尚志会　114
上昇移動　43, 116, 134, 138, 139, 154, 208, 209, 215
昇進機会　102, 113, 115, 134, 152, 154, 155, 160, 171, 210
象徴資本　186, 188, 189
浄土宗　41
浄土宗育英会　41
浄土宗高等学院　41
昭和恐慌　92
職業教育　33, 46, 48, 49, 143, 208
職階移動　142, 151
私立専門学校　16, 157, 209
私立大学　14, 16, 33, 47, 69, 70, 72, 75, 91, 120, 137, 138, 157, 162, 182, 189, 213
私立大学専門部　17
神学部　38, 39, 48
新義真言宗豊山派　41
尋常師範学校尋常中学校高等女学校教員免許規則　29, 30
尋常師範学校尋常中学校高等女学校教員免許検定ニ関スル規定　30
人文教育　46
杉原千畝　63
スクーリング　135, 136
スティグマ　190, 191, 201
正系　18, 20, 55, 60, 74, 96, 102, 116, 142, 190, 197, 203, 210-212
『成功』　138
正当化効果　199
制度化　23, 28, 85
西洋化　28
世代間移動　215
世代内移動　215
『全国官費公費貸費学校入学指針』　78
『全国高等女学校・実科高等女学校に関する調査』　108, 150
『全国中学校に関する調査』　108, 149
仙台神学校　38
専門学校　14, 16, 17, 33, 35, 37, 53, 54, 63, 67, 70, 75, 90, 92, 93, 98, 107, 142, 143, 152, 154, 162, 168, 170-172, 175, 178, 181, 209
専門学校令　39, 41, 46, 72, 213
奏任官　170
奏任待遇　112, 170, 171, 174, 175, 180, 181
粗製濫造　71, 73

た　行

第一臨時教員養成所　142, 145-153, 158
大学令　16, 33, 41, 44, 75, 91, 142
大正大学　40, 41, 55, 65, 68, 75
代用教員　94-97, 124
高田早苗　189, 208
谷崎精二　47
多変量解析　26, 172, 175
田山花袋　135
単位制　129
『淡交』　188
地域移動　134-136, 142, 151, 152
地域文化　156
地位達成　109, 112, 114, 116, 154, 155, 180, 182, 185, 186, 197, 200, 211, 212
チャーター　52, 198, 199, 211
「中学改良策」　30
中学師範科　57
中学師範学科　29

中学師範学校　57
『中学卒業就学顧問』　69
(旧制) 中学校　15, 20, 28-32, 35, 37, 38, 40, 44, 55, 79, 89, 98, 102, 105-109, 111, 113, 116, 118, 124, 148, 149, 156, 161, 163, 164, 181, 191, 202
中学校師範学校教員免許規定　29
中学校令　39
中産階級　37, 40
『中等教員検定試験受験案内』　72
中等教員社会　19, 20, 25, 26, 97, 102, 105, 112-116, 153, 155, 159, 161, 172, 173, 178-180, 186, 192, 198, 209, 210, 214
徴兵猶予　38
『朝野新聞』　37
坪内逍遥　42
帝国大学　14, 19, 30, 42, 141, 209
帝大閥　183
哲学館　22, 32-35, 40, 42, 102, 195
哲学館事件　22, 35, 60
天台宗　41
同郷意識　201
東京英学校　37
東京英和学校　37
東京高等師範学校 (東京高師)　17, 62-64, 79, 80, 98, 102-106, 108-111, 114, 116-118, 120-123, 125, 130-134, 142, 145, 146, 148-153, 157, 175, 185, 197-199
『東京高等師範学校一覧』　103, 104, 106, 108, 110
『東京高等師範学校・第一臨時教員養成所一覧』　145
東京専門学校　32, 34, 40, 42, 67, 83, 88, 102
東京帝国大学 (東京帝大)　57, 58, 98, 118, 142, 145, 146, 149-152, 157, 189
東京物理学校　22, 34-37, 55, 57, 58, 61-63, 66, 76, 82, 98, 120, 137, 138, 156, 174, 214
『東京府統計書』　62, 63, 130
東京文学院　41
『東京文理科大学・東京高等師範学校・第一臨時教員養成所一覧』　122, 133
東京理科大学　35
同志社専門学校　34, 39
同窓意識　185
同窓教員　81, 113, 114, 116, 118, 188
東北学院　34, 38, 39
東洋大学　22, 35, 75, 194
独学　14, 21, 68, 135, 192, 200
督学官　132, 180, 181
独立変数　163, 166
都市文化　135
飛澤勇造　114

な　行

内面化　74, 125, 136
中島半次郎　187
中山義秀　200
夏目漱石　30, 35, 98
『波』　75, 135
滑川道夫　126, 191
日蓮宗　41
日蓮宗小教院　41
日蓮宗大学　41
日蓮宗大学林　41
日本体育会体操学校　34
日本大学 (日大)　16, 22, 25, 43, 44, 46, 55, 56, 61-64, 66, 75, 90, 116, 119-126, 128-134, 136-138, 142-153, 155-157, 180-182, 184, 185, 191, 192
『日本大学校友会会員名簿』　122, 145
『日本大学新聞』　90, 132
日本法律学校　34, 43
入学競争率　56, 61, 63

農業階層　214
ノン・エリート　155, 210, 213
ノン・キャリア　212

は　行

配当会議　79
萩原恭平　179
原田実　73, 213
美会神学校　37
日夏耿之介　49
広島高等師範学校（広島高師）　17, 18, 24, 79, 114, 117, 118, 167
広津和郎　50
不挟会　182
『不挟会報』　138
福原麟太郎　197
服務義務　105, 137
プロフェッショナリズム　18
文学部　17, 19, 20, 39, 46–48, 50–54, 58, 67, 91, 102, 105, 112, 117, 142, 144–154, 157, 200
米国メソジスト監督教会　37
俸給標準額　98
傍系　55, 74, 178, 194, 199, 201, 210
法政大学（法大）　17, 34, 44, 55, 61–63, 70, 75, 95, 120, 137, 139, 190, 191
『坊っちゃん』　35, 36, 98

ま　行

宮内寒彌　118
無資格教員　30, 31, 57
無試験検定　22, 23, 28–30, 32–46, 48, 51, 57, 60, 65–67, 70–73, 75, 102, 103, 107, 120, 129, 130, 137, 138, 143, 157, 204, 208, 213, 214, 216
茗渓会　114, 182, 185
明治学院　39
免許取得率　66–68, 70, 72, 73
文部省　19, 22, 29, 32, 35, 39, 44, 45, 50, 60, 65, 66, 69, 71, 72, 75, 79, 98, 129, 181, 209
文部省教員検定試験（文検）　14, 20, 21, 24, 29, 30, 33–36, 42, 60, 67, 68, 70, 72, 74, 75, 135, 136, 139, 160, 162, 165, 168, 169, 171, 172, 178, 192
文部省訓令　38, 39
文部省達　29
『文部省年報』　15, 16, 31, 62, 63, 111, 130, 157
文部省令　29, 30, 32, 204

や　行

夜学　43, 120, 122, 123, 126–129, 135, 137–139, 190–193, 201
役割期待　198, 211
山田顕義　39
山本有三　75, 135
有意　109, 165, 167, 169, 170, 172
結城捨次郎　138
有資格教員　15, 30, 32, 44, 60, 73, 75, 89, 197, 208
抑圧的同型化　216
横光利一　202
よそ者　199, 202, 212
『読売新聞』　40, 71, 75

ら　行

ライフコース　21
ライフヒストリー　19
理学部　19, 35, 57
立正大学　17, 34, 41, 42, 64, 66, 68, 75, 87, 93, 96, 120, 137, 138, 193
立身出世　126, 135, 155, 208
寮　185
臨時教育会議　75

臨時教員養成所　14, 19, 141
ルサンチマン　174
冷却　136
ロジスティック回帰分析　166, 167, 169-171

わ　行

『早稲田学報』　47, 157
『早稲田教育』　187, 188
早稲田教育会　114, 186, 187
早稲田大学（早大）　16, 22, 25, 32, 42, 43, 46-56, 61-67, 73, 75, 81, 84-86, 89-91, 93, 101-118, 120, 142, 143, 145-153, 155, 157, 179, 180, 183, 186-190, 193, 200-204, 208, 211, 213
『早稲田大学校友会名簿』　103, 104, 106, 108, 110
『早稲田大学新聞』　85, 89, 190

【著者略歴】
太田　拓紀（おおた　ひろき）
埼玉県生まれ。1998年、早稲田大学教育学部卒業。2008年、京都大学大学院教育学研究科博士後期課程学修認定退学。玉川大学教育学部助教、准教授を経て、現在、滋賀大学教育学部准教授。教育学博士（京都大学）。論文に、「教職における予期的社会化過程としての学校経験」（『教育社会学研究』第90集、2012年）など。

近代日本の私学と教員養成
──ノン・エリート中等教員の社会史──

2015年12月25日　初版発行

著　者　　太田　拓紀
発行人　　安部　英行
発行所　　学事出版株式会社
〒101-0021　東京都千代田区外神田2-2-3
電話　03-3255-5471
HPアドレス　http://www.gakuji.co.jp/

編集担当　　二井　豪
組版・デザイン　上田宙・細川理恵
印刷・製本　　電算印刷株式会社

ISBN978-4-7619-2195-8　C3037